せっかくお詣りするのに、あなた、それじゃもったいないじゃない！

玉依 Tamayori ｜ 宮澤正明（写真）

成功をつかむご参拝、残念なご参拝

ワニ・プラス

※本文中に使用した写真で、特にクレジット表記のないものは、すべて宮澤正明氏の撮影です。

はじめに

二〇二〇年という年は、みなさまご承知のように「病」の気の巡りが日本中、いえ世界中に蔓延し、平穏な日常が一転してしまいました。

古来より、疫病が蔓延すると「政治の行いが悪い」、はたまた「悪霊の仕業」などと言われ、政治を変えようという働きかけや、病封じの祈願、祈祷が行われてきました。祈りさえすれば、政治や経済が安定する、厄災から逃れられる。そう申しているわけではありません。このようなときこそ私たちは、当たり前だと思っている日常を振り返り、祈る気持ちを忘れずに過ごしたいものです。

「祈る」というと、何か宗教のように思われるかもしれませんが、違います。祈るとは、「神様と向き合い、対話をすること」。私は、そう考えております。

申し遅れました。私は、霊能者の家系に生まれ、ご神託を信じる、玉依と申します。

ある日、「ご神託を信じる」という天命を授かったときから、多くの方々に「見えない世界からのメッセージ」をお伝えし、迷い悩める方々の邪気を祓《はら》い、除霊をし、心身をヒーリングすることを生業としております。

そうした私が、「神様と向き合い、対話をしましょう」と言うと、「あなただから、それができる」、「自分になんて、できるわけがない」と思われるでしょうか。

しかし、私のクライアントの多くは、「神様に手を合わせるようになってから、願いが確実に叶うようになった」とおっしゃいます。

私たち人間どうしのおつきあいでも、自分の都合のいいときにだけ訪ねてきて、勝手なお願いだけをして、あとは知らんぷり……という人とは、なかなかご縁が続かないのではないでしょうか。それと同じことです。

神様は、計り知れない強いパワーをお持ちです。その力をお借りできるかできないかは、自分次第。日常的に神様に手を合わせ、親しんでいるほうがつながりやすくなり、いざというときに神様に「この人なら、力を貸そう」と思っていただけるのです。

「社運を上げるため」、「○○の契約を決めるため」、「良縁に恵まれるように」、「家庭円満のため」……神社参拝の目的は、みなさんそれぞれでしょう。でも、自分の会社のため、自分自身のためだけにそう願うだけでなく、神様と向き合う時間を持つことによって叡智を得て、それを世の中に還元する。

その気持ちが、「祈り」です。そういう方に、神様はよろこんでお力を貸してくださるのです。


では、どちらの神社にお参りすればよいのでしょう。一般的に「パワーが強い」といわれている神社を訪れるだけでは、願いは叶いません。

自分に本当に合う神社、「マイ神社」とも言える場所を見つけることが大切です。

私たちにも気の巡りがあるように、神社の場所にも気の巡りがあります。その神社のエネルギーと自分のエネルギーが共鳴すると、神様とつながりやすくなり、願いが叶います。

一人で訪れるだけでなく、誰かと一緒に訪れるのもよいでしょう。「いつ、誰と、どこの神社を訪れるか」によっても、神様のお導きが大きく違ってきます。


かつて私は、自分自身に起こるさまざまな現象によって、日常生活もままならない期間が続きました。これは天命なのか、とり憑かれた霊によるものなのか。そのことを知るために、神社仏閣を訪ねる旅を始めました。尼僧堂にも、山にも入りましたし、海外のパワースポットも訪れました。

旅に出るようになって数年経った頃、私は自分が望む人生を歩み出しました。そんな私の変化を感じた方々から、「一緒に行きたい」とお声をかけていただくようになったのです。そこで、クライアントの方々をお連れして「神様と対話をする旅」を始めました。二〇〇九年のことです。

訪れる場所では必ず、ご神託を受け取りますので、それをみなさまにお伝えします。二〇一四年からは旅の名称を「言霊旅」とし、毎年テーマを決め、数日間かけて神社を巡っています。

二〇一七年からは、新たに「目的別スピ散歩」と称して、東京都内、近郊の神社にみなさまをお連れするようになりました。日常的に神様と向き合い、親しんでいるほうが、つながりやすくなるからです。

自分で神社を訪れるときにはどのようなことを行うとよいのか、逆に、どのようなことを行ってはいけないのか、などを伝授します。そしてもちろん、神様からいただいたメッセージをお伝えします。

「言霊旅」「目的別スピ散歩」ともに、現在は企業経営者のご参加が多く、その方の叶えたいことに合わせて、お力をお借りできる神様がいらっしゃる神社へ、最適な日時にお連れして祈願しております。

神社参拝をするようになって「価値観が変わった」と、みなさま口を揃えます。

価値観が変われば今が変わり、今が変われば人生が変わります。

「会社の事業利益が大幅にアップした」

「国家的なプロジェクトに関わる仕事を受注した」

「夫婦仲が改善した」

「子どもが志望校に合格した」

「結婚が決まった」

……これらは、ほんの一例です。

言霊旅の奇跡というのは、本当に起こるのです。

自分に合う神社、場所を知り、その場所で叡智をいただくことで、自分を信じる力が強くなるからです。

願いを確実に叶えるために、ひとりでも多くの方に「マイ神社」を見つけていただきたい。その思いで、本書をまとめることにいたしました。

自分に合う神社との出会い方については、後に詳しくお伝えいたしますが、大切なのは「実際に現地に赴き、感じること」です。

今はとても便利な世の中になり、インターネットを通じて神社参拝もできるようになりました。もちろん、ウェブ上の写真や動画を見て、その場所が本当に自分に合っているのかどうか、感じることはできます。

ただやはり、現地を訪れることには敵いません。

神様に向き合い、お力をお借りしたいと願うのであれば、実際にその場所に赴いて神様にお目にかかり、手を合わせることです。可能な限り、現地に足を運んでください。そうすれば必ず、「マイ神社」が見つかります。

もっとも、ここしばらくの間は、新型コロナウイルス感染の拡大を防ぐために、神社参拝にも十分気をつけなければなりません。

全国の神社では、特別措置としてさまざまな規制を設けています。二〇二一年の初詣は、これまでとは事情が大きく異ることでしょう。

しかしながら、神社参拝の本質は変わりません。

さまざまな制約がある中でも、神様ときちんと向き合う心、姿勢を忘れないようにいたしましょう。本書では、コロナ禍においての神社参拝の仕方もご紹介します。

外に出る機会が増えましたら、どうか、ご自分のための神社を見つける旅に出かけてください。

本書がその助けとなり、あなたの人生の道しるべとなりましたら幸いでございます。

二〇二〇年十二月

玉依

◎目次

第二章 自分に合った神社を見つけよう

第四章　私がよくクライアントから受けるご質問
――残念なご参拝にならないように　97

第五章　二〇二二年以降、私がクライアントにお勧めしている神社十八社　119

第一章

どの神社にお詣りすればいいの？

——日本人と神社そして神様

●●● 日本人と神様の切っても切れない関係

私たち日本人は太古から、山や川、火、木や石といった自然物に、さらには人形、針、包丁、はさみといった身の回りのものにさえも、神様の存在を感じてきました。「八百万《やおよろず》の神」というのは、そうしたことの総称だと言えるでしょう。

神道は、キリスト教や仏教のように開祖や教祖の存在があるわけではなく、経典もありません。木にしても岩にしても神様が宿る所、依代《よりしろ》として崇め、祈ってきました。

あらゆるものに神様を感じて、神様とともに生きることに感謝をする。神道は、私たち日本人のDNAの中に息づいているのです。

ですから、とくに信仰していなくても、初詣やお宮参り、七五三、結婚式、厄祓い……など、人生の節目ごとに気軽に神社を訪れます。

「困ったときの神頼み」という言葉があるように、自分の力だけでは解決できないようなことがあると、「助けてください」と神様に手を合わせます。

昨今、若い方たちの間でパワースポットブームが起こっていますが、その中に神社があり、御朱印を集める「御朱印ガール」なるものも登場しました。こうしたブームに抵抗なく乗れるのも、

神道は信仰ではなく、日本人という血のなせる業だからなのかもしれません。

神様は、そんな私たちを、ときに注意を与えつつ、日々の生活を見守り続けてくださっているのです。

神様と、どう〝おつき合い〟すればいいのか

神様は分け隔てなく、私たちに幸せを与えてくださいますが、そのことに甘えず、私たちも神様に敬意を払わなければなりません。いつも見守ってくださっていることに感謝いたしましょう。

神社は、神様のお住まいです。たとえば、よそのお宅を訪ねるとき、黙って玄関を開け、土足でズカズカという人はいないでしょう。神社をお訪ねする際も当然、それなりの礼儀が必要です。とくに、お願いごとがあって神社を訪ねるときは、神様のお力を受け取る心の準備をしましょう。

よく「ご利益がある」と言われますが、**神様が私たちに与えてくださるのは「利益」ではなく、「ご加護」です。このことを心得ているだけで、神様から受け取るエネルギーはまったく違ってきます。**

神様は、私たちにさまざまなメッセージやサインを送ってくださいます。ですが、御本殿にお

詣りする前にお守りや御朱印を求めに社務所に押しかけたり、参道の真ん中で記念写真を撮っているようでは、サインを受け取ることができません。それでいて「ご利益があると聞いたからお詣りしたのに、何も変わらなかった」というのは、あまりにもおかしな話です。

神社を訪れるときに、**神様の力をお借りできるかできないかは、自分次第。敬いをもって神様と向き合い、神様の力を感じようとすることが、自分の願いを叶えるためにとても大切なのです。**

「言霊《ことだま》」という、神様の偉大なる力

太古より、日本人は、言葉には霊力が宿っているものとし、とても大切に考えています。それは言霊信仰とも呼ばれるもので、よい言葉を発することができれば、よいことが起こり、悪い言葉を発すると悪いことが起こる、と信じられてきたのです。

自分の発した言葉には魂が宿る。「言霊の幸《さきわ》う国」とは、古代日本を称える呼称でもありました。

言霊は、決して迷信めいたものではありません。

『古事記』や『日本書紀』には、八百万の神々が言霊力を用いて日本という国を造り、人々が幸せになるようになさった様子や、戒められる様子も記されています。

近年では、自分が発した言葉が自分の行動、そして運命に大きな影響を与えることが、脳科学的にも証明され始めているのです。

神社には、神様の言霊があふれています。願いを叶えるためには、神様からより濃密な言霊をいただくこと。それにはまず、**「見えない世界」を信じることが大事**です。

神様のお姿は見えませんし、言霊にも形はありません。**そうした「見えないもの」を感じて、信じるというのは、何よりも自分を信じることです。**

「神社参拝に、何の意味があるのだろう」「神様は、本当に力を持っているのだろうか」などと思いながら参拝していると、「見えない世界」は見えないままです。

霊感のある人やスピリチュアルな人、つまり「わかる人にはわかる」のであって、自分なんかがわかるわけがないと思うかもしれません。しかし、**霊感の有る無しではなく、「見えない世界」を信じ、それを「わかろう」とする気持ちが大事**なのです。

神様は、自分の意思で行動する人に、大きな力を貸してくださいます。誰かがよいと言う神社だから参拝に行くという姿勢は、依存にほかなりません。そうではなくて、**「その神社で、自分は何を感じるか、どんな言霊と出会うのか楽しみだ」と思えると、神様から言霊を賜ることができ、それをサインとして受け取ることができます。**

神様からのサインを受け取ると、必ず何かしら変化があります。その後に起こる出来事に注意してみてください。長い間、音信不通だった人から連絡が入ったり、偶然再会したりということは、よくあることです。電車の乗り継ぎが驚くほどスムーズにいった、車で走っていると、信号がすべて青だった……というのもサインです。

どこからかリスが現れた、白い蛇を見た、お詣りに行くと必ず黒い蝶が自分の周りを舞っている、それまで晴天だったのに一転かき曇り、雷鳴が轟く、雨も降っていないのに虹が出た……など、まさに奇跡のようなサインを送ってくださることもあります。

サインを受け取ったときは、神様がものすごい力で後押ししてくださっています。そういうときは、**いつもよりちょっと大胆なことをしたり、新たなチャレンジをしてみる**とよいです。

何かしらのサインを受け取って、「神様だ！」という方もいれば、「思い込みかな？」という方もいるでしょう。

思い込みでもよいのです。自分が「今、神様とつながった」と感じれば、神様とつながることができたのです。

神様の言霊を賜り、自分を信じて行動することで、道は開けます。

慢心を発する「言挙げ」が不運を招く

先に、悪い言葉を発すると悪いことが起こるのも、言霊の力だとお話ししました。自分の発する言葉には重々気をつけなければなりませんが、とくに、**神様にお祈りをして願いが叶ったときに、注意が必要**です。

神社参拝をして願いが叶ったとき、みなさまはどう思われるでしょうか。「やった！」と大よろこびするのはよいのです。気をつけなければいけないのは、その先です。

願いが叶うとよろこびのあまりか、つい神様への感謝の心を忘れて、慢心の言葉を発しがちです。「願いが叶ったのは、自分が頑張ったからです」というように。神様に力をお借りするだけでなく、自分自身も夢や目的に向かって努力をしたのは、よいことです。「頑張った」ことは間違いないでしょう。

しかしながら、さも自分の力だけで願いを叶えたように考えるのは慢心です。

神様がお祀りされている神聖な場所で、慢心から発する言葉を口にすると、とくによくないことが起こりますので、絶対にしてはなりません。

次にご紹介するのは、ある営業職の女性のエピソードです。

ある時、その方を含め一〇人の女性をお連れして、「言霊旅」に出かけました。ご参加された方のうちのお一人は、旅から戻った後、仕事が驚くほどスムーズに運んで、またたく間に担当エリアトップの営業成績を上げ、社長から表彰を受けました。

人は、よいことが続くと有頂天になり、慢心してしまうもの。女性は「私、やっぱり〝持ってる〟わ！」と、言挙げをしてしまいました。

すると、一緒にお住まいだったお父様が急に病を患われ、介護が必要な状況に。女性の働き方にも影響が出て、その方が担当するエリアトップだった営業成績はみるみる下がってしまいました。

そんなところに、親戚間でのお金のトラブルが発生。結局その方は、会社を辞め、暮らしていた土地を離れることとなりました。今はどこで何をしていらっしゃるのか、誰も知りません。

これが言霊力の強さであり、怖さでもあります。**神様がお祀りされている神聖な場所では決して、慢心による言葉を発してはならない**ということを、あらためて思い知った一件でした。

みなさまには、どうかこのようなことが起こらぬよう、神社での発言にはくれぐれもお気をつけください。

神社参拝で価値観が変わる、人生が変わる

人間ですから、どうしても慢心したり、逆に自信を持てずに、自分を責めてばかりのときもあるでしょう。

そんなときこそ、神社を訪れてください。つねに清められている神社は、心をニュートラルな状態に戻してくれます。慢心は消えて感謝の気持ちが湧き上がり、自分を見直す力も取り戻すことができます。

心がニュートラルな状態になると、自分と真摯に向き合うことができ、自分の思いに素直になれます。発する言葉は、清く、感謝にあふれたものとなるでしょう。

自分の言霊が変わると、価値観が変わり、おのずと行動も変わります。すると、人生が激変します。

先にも言いましたように、神様は自分の意思で行動する人を大きくサポートしてくださいます。

神様から最強の言霊を賜ることができるので、必然として願いが叶っていくのです。

自分の氏神様を知ろう

全国の神社については、皇祖・天照大御神《アマテラスオオミカミ》をお祀りする伊勢神宮を別格として、氏神神社と崇敬神社の二つに大きく分けられます。

氏神神社とは、自分が暮らしている地域の氏神様をお祀りする神社をいいます。もともとは、文字通り氏を同じくする氏族の間で、自分たちの先祖や縁の深い神様を「氏神」と称して祀ったことに由来します。

先述したように、今では氏神様は一族のというよりも、地域の守り神として、「産土神《うぶすながみ》」と呼ばれることもあります。

初詣やお宮参り、七五三の御祈願でお詣りする近所のお宮は、産土神。**神様とつながりやすくなるためにも、折に触れてお詣りしてください。**できるなら、**毎日お詣りしていると、神様との距離がぐっと近くなります。**実家を離れている方は、帰省した際、散歩がてらでもよいのでご挨拶にうかがいましょう。

会社を大きく成長させたい、出世をしたい、起業して成功したいなど、**ビジネスに関するお願いごとのある方は、会社所在地の氏神様への参拝を、強くお勧めします。**その土地の神様をないがしろにして、「社運を上げるなら、あちら」「金運をよくしたいから、こちら」と、**ほかの神社にいくらお参りしても願いは叶いません。**まずは足元を見て、会社や事業所、あるいは店舗として土地をお借りしている氏神様に感謝をし、お詣りすることが大切です。

地方にお住いの方は、ご自宅や会社の近くに神社があることが多いので、氏神様となる神社は分かりやすいのですが、東京など都会の場合は、お住いのエリアによって氏神様が違うことがあります。インターネットでも検索もできますし、神社庁に電話してお尋ねしても親切に教えてくれます。ぜひ自分の氏神様を知り、お詣りいたしましょう。

氏神様がお近くでも、日常が忙しいと日参は難しいかもしれません。それでも、毎月一度は足を運んでご挨拶に訪れると、「いつも見守ってくださっている」という実感を得ることができるでしょう。

お詣りに適した日は、一粒万倍日、天恩日、己巳の日など、お調べになるとどの日がよいのだろうかと迷うこともあります。ご自分で決めた日がないときは、毎月一日と一五日の参拝をお勧めしております。

そして、お詣りする前には、氏神様をお迎えする準備をしてください。神様をお迎えする準備としては、神様のお住いとなる神棚を準備することから始まります。神様は、お札にその魂が宿りますから、たとえご祈祷を受けていなくても、神社でお札を購入したら同じことで、お札を収めるために神棚が必要になるのです。神棚については、後に詳しくお話しいたします。

氏神様の神社は地域に根付いておりますから、そこで行われる祭事に参加して、神社と交流を深めるのもよいことだと思います。特に年に数回行われる例大祭は、神社のあり方を知るためにもお勧めしています。参加とは、祭事に参列するだけではありません。協賛金をご寄付したり、祭事のお手伝いをすることも参加になるのです。そのようにしていけば、神社とのご縁が深く強くなり、神様をより近くに感じられるようになっていきます。

こちらも、「目的別スピ散歩」にご参加された男性のエピソードです。起業して間もない頃、「なんとしても成功したい」と強く願っておられました。

そこで私は、オフィスのある土地の氏神様にお連れし、参拝にご一緒しました。そして、**その方の願いにふさわしい神棚を選び、氏神様をオフィスにお迎えするところまでお手伝い**いたしました。

それまで男性は、神社を訪ねる機会は初詣しかなく、それも行ったり行かなかったり、という状況だったそうです。ところが、氏神様にお参りしてからは、毎朝神棚に手を合わせるのはもちろんのこと、年の節目には神社にお参りするようになったのです。

初めは、社長である男性だけが神棚に手を合わせていたのですが、そのうち社員も自ら手を合わせるように。すると業績に変化が表れ、地方から都心へとオフィスを移転するまでになり、コロナ禍の影響も受けずに業績は安定しています。

また、大きな事業展開を機にご相談を受けた企業経営者の方は、もともと地元に居を構える企業だということもあり、氏神様には欠かさずお参りしていらっしゃいました。さらに、適する時期へのお詣りをご案内したところ、神社との交流を深められ、ますます業績がアップしています。

窮地に立たされたときに氏神様の力を実感する

神様と向き合い、心をニュートラルな状態にキープできると、**何か事が起きてもさほど動じる**

ことがないようです。どんな状況も、まずは受け入れ、そこから自分は何をすればいいのか、何が必要なのかを考える。クライアントの方々は、「それができるようになったのは、氏神様にお詣りするようになってから」と口を揃えます。

実際のところ、先の男性だけでなく、氏神様参拝のきっかけをつくって差し上げた経営者の方たちはみなさん、このコロナ禍にあって、一時的に業績が停滞することはあっても大きく落ち込むことはなく、むしろ業績が大きくアップした方が少なくありません。

建築関係の会社を営んでいる方は、会社の規模を上回るほどの大きな仕事が入ってうれしい悲鳴を上げていらっしゃいますし、あるミュージシャンの方は、自粛期間中にライブハウスがすべて閉鎖になったことで活動休止を余儀なくされましたが、その代わりに自分のスキルやノウハウを伝えることを決心し、教室を立ち上げたところ、入会希望者が後を絶たないといいます。

どの方も、もちろん言挙げなどせず「神様のおかげ」とおっしゃいます。たしかに、神様がお力をお貸しくださったのだと思います。けれどもやはり、本人が、神様に手を合わせることでつねに自分自身と向き合い、雑念を振り払い、目的に向かって今すべきことを粛々とやってこられたからでしょう。そういう方に、神様はより大きな力を与えてくださるのです。

特別な願いごとのあるときや人生の節目にはご祈祷を受ける

新社屋建設であったり、事務所開設であったり、新たな事業を始めるなど、神様により強いお力を賜りたいときは、社殿の前でお祈りするだけでなく、ご祈祷を受けましょう。

お願いごとばかりでなく、年末年始のご挨拶であったり、お宮参りや七五三といった人生の節目にも、ご祈祷を受けることをお勧めします。

ご祈祷を受けるときは、社務所に申し込みをしてから社殿の中にご案内いただきます。**ここでも大切なのは、心が清浄であり、素直であるということです。神様に過剰な期待をしてはなりません。**

神職の方が祝詞《のりと》を奏上する前には必ず、心身の穢《けが》れを祓う「修祓《しゅばつ》」が行われます。その上で祓詞を奏上し、斎主一拝、献饌《けんせん》と続いて、祝詞奏上となります。

祝詞は、神様に捧げるお言葉です。神職の方が、お願いの内容に合わせて、たとえば事務所開きのご祈祷を受ける場合は会社名を入れて、つくってくださいます。立身出世を強く望んでいるなら、そのことをはっきりと、お伝えしましょう。

祝詞奏上が終わると、玉串拝礼です。玉串拝礼は、一見するとむずかしそうで戸惑う方もいらっしゃいますが、玉串の由来を知れば、落ち着いて行えるでしょう。

玉串は、『古事記』の天岩屋隠れの神話に由来すると言われています。天照大御神が岩戸にお隠れの際、神々が真榊に玉や鏡などをかけて、お出ましを仰いだことが記されています。

玉串は、神前に手向けるために「手向串《たむけぐし》」であったり、「霊串《たまぐし》」とも称されていました。神籬（ひもろぎ・神様をお祀りする臨時の神座）と同様、神霊を迎える依代であり、捧げて祈る人の気持ちを込めたものです。ですから、お作法はむずかしくありません。榊の根元を神前に向けるだけです。

神社によっては、ご祈祷の前に玉串拝礼の作法を教えてくださいますが、私からも、あらためてご紹介いたしましょう。

一、神職から手渡された玉串は、榊の根元を右手で持ち、葉先を左手で支えます。このとき、葉先を上から押さえるのではなく、下から支えます。
二、玉串を胸のあたりまで捧げ持ち、左手の葉先のほうが少し高くなるようにして神前に進み、一揖《いちゆう》（礼）します。
三、玉串を右に九〇度回し、根元を自分のほうに向けます。このとき、手の位置は変わりません。

四、自分のほうにまっすぐになりましたら玉串を立て、左手を根元まで下ろし、右手に重ねて両方の手で根元を持ったまま、祈念します。
五、祈念を終えたら右手で葉先を持ち、左手で右に一八〇度回して根元を神前に向けます。
六、根元を神前に向けて、右手と左手を重ねて、静かに案（祭事用の机）の上にお供えします。

重要なのは、**「四」で玉串を立てたら、その状態で祈念すること**です。神職から榊を受け取り、それを立てて、回す……という、ただの手順だけになってしまうと、神様に祈りは届きません。榊を立てたときに、たとえば「今年一年、わが社が安泰でありますように」などとしっかり祈念する。その後、榊を右に回すようにしてください。

ご祈祷を受けますと、神札と神饌を賜ります。**神饌は、神様に献上した品の「お下がり」ですから、いただくことで気力をもたらします。**ぜひ、いただくようにいたしましょう。

神様をお迎えする「神棚」をお祀りする

神札を賜るには、それなりの覚悟が必要です。持ち帰って、なんとなく空いているスペースに置いたり、引き出しの中に入れっぱなしにしないようにしましょう。

神札は神様の分霊です。お札自体に力がありますから、粗末に扱ってはなりません。神様をお迎えするための場所として、ぜひ神棚をご用意ください。

神棚には、御本殿と同じような形をしたお宮形であったり、最近では、一見すると神棚に見えないモダンな神棚もありますので、部屋のインテリアに合わせるのもよいでしょう。

お宮形の神棚には、御扉が三つ付いている「三社造り」、または「一社造り」とがあります。その違いは、神札を横に並べるか縦に重ねるかの違いですが、私は、神棚をお祀りしたいとご相談を受けるときは、三社造りをお勧めしています。

三社造りの神棚では、中央に伊勢神宮の神札である「神宮大麻」をお納めします。天照大御神です。

向かって右側に氏神様の神札、左側に自身で崇敬する神社の神札をお納めします。ご祈祷を受けて賜る御祈願札は、大きくて入りませんので、そのような場合はそれぞれの御扉の横にお祀りします。

神棚の大きさはいろいろですが、法人として神棚をお求めの場合はやはり、それなりの大きさで、しっかりしたものをお求めください。社長様のご自宅用の神棚であっても、「これぐらいのものをご用意してください」とお勧めすることもあります。

神棚を購入する場所は、神社、または神社のものを揃えている専門店がよいです。神社で購入するのがよいのは、お祓いをしてくださっているからです。

ホームセンターやインターネットでも購入できますが、あまりお勧めできません。それでも、神社の神職を招いて魂入れをしていただくのであれば、よいでしょう。

ですが、神様をお招きするために神棚をご用意する、という気持ちがいちばん大切です。絶対にこうでなくてはならないということに、とらわれないでください。

神棚をお祀りする場所は、**陽のエネルギーに満ちる太陽が差し込む方向、東または南**の方角です。清浄で静寂な場所を選んでください。多くの神社も、東または南向きです。ただ、特別な由緒があるなどして北や西に向いていることもありますので、絶対に北や西がいけない、ということではありません。

会社でもご自宅でも、立地の条件や部屋の広さ、間取りなどによって、東または南の方向にお祀りするのがむずかしいこともあるでしょう。その場合は、最も明るく、最も清浄で、みなさまも**心地よく手を合わせられる場所**がよいと思います。

お祀りする際のいちばんのポイントは、自分の目の高さよりも上の場所にお祀りすることです。神様を自分と対等、もしくは目下に見てはなりません。また、**ドアや冷蔵庫の近く、テレビの上、寝室やトイレの近くは気が騒ぎますので、東や南であっても不向き**です。

ワンルームマンションなどにお住まいで、どうしても神棚をお祀りするスペースが取れないなら、キャビネットやタンスの上に**白い和紙や半紙を敷き**、そこへ神札を直置きしてもよいでしょう。その場合も、自分の目の高さより上の場所にします。なお、白い紙でも、コピー用紙は避けてください。

白い紙を敷くのは、神様のいらっしゃる場所とわれわれがいる場所は同じではない、と一線を引くためです。神様に対しては敬いの心を忘れないようにしてください。

神棚には、左右に榊をお祀りし、米と塩、水、お酒もお供えします。

榊はつねに瑞々しい状態であることが運気を呼び込むので、基本的には、毎日水を取り替えてください。神棚を置いている自宅や仕事場を留守にしがちなときは、生榊ではなく造花の榊をお供えしてもよいでしょう。生榊と違って水の取り替えを気にすることがないため、近頃では自宅に毎日いる方でも造花を用いることが多いようです。その場合に気をつけていただきたいのは、埃をかぶったままにしないようにということです。

水などを取り替えるときには、榊にも気を配りましょう。

「日頃は、造花を用いていても毎月一日は、生榊を購入して気持ちを新たにしています」とおっしゃる方がおります。とてもよいことです。また反対に、「会社の神棚に毎月一日に生榊をお供えしているけれど、年末年始や長期出張のときは造花の榊に変えている」とおっしゃる方もいます。理由は、「榊が枯れたままになっていると運気が下がりそう」と。まったくその通りで、枯れた榊は運気を下げます。枯れたままの榊をお供えしないように注意しましょう。

ごくまれに、榊の花が咲くことも。クライアントの方から、**「榊の花が咲いたとき、すごく大きな仕事が決まった」**というご報告もありました。

米、塩、水は朝にお供えし、その日のうちに下げてください。米は、夕ご飯としていただくのがよいのですが、一日にお供えする量はわずかですから、清浄な容器を用意し、毎日そこにお下げするようにして、一合ほどになったら炊いて、いただきましょう。

伊勢の神宮では、注連縄はなく、鳥居、社殿の垣根など聖域である場所にはすべて榊が用いられています。「俗世界と聖域の境になる木」、それが榊です。

神棚に、いくつもの神社の神札をお祀りしている企業は、神々による大きな力で会社全体が守られていることになります。「見えない力」がこれほど応援してくれるのだからと思うと、今ここで困っていても、乗り切れないわけがない。そう思って、社員全員、前に進むことができる。それが、神様を神棚にお迎えするということです。

地方都市のある会社の社長様は、神社仏閣巡りを好んでいるのでよくパワースポットといわれる場所にも足を運んでおりました。ご祈祷を受けることもありましたが、その会社の事務所には、神棚がありませんでした。ご相談を受けるようになり、プライベートで言霊旅をご一緒するようになってから神様との向き合い方が変わったのでしょう。今まで会社に神棚がなかったのが恥ずかしいと言い始め、立派な神棚をお供えすると社員に告げました。すると、社長は何か怪しげな宗教に入ったのか？　と社員が色めきたったそうです。神棚をお供えし、手を合わせる。確かに信仰になりますが、ただそれだけのことを宗教にハマったと思われたのです。その社長様は慌てました。気軽に考えていて、一日のスタートに社員も同じように神棚に手を合わせることになると思っていたのに、この反応が予想外だったからです。

ご相談を受けた私は、次のようにお話ししました。

「社員の方々は、神社にきちんとお詣りすることを知らないだけです。それを知れば、お力を貸してくださる神様をどのようにお迎えするとよいかが分かるようになりますから、神棚に手を合わせろと強制するよりも会社の皆様で言霊旅に参りましょう」

たいへん気の巡りのよい神社を選びましたので、戻ってからは社員の方々の気持ちの持ちようが変わり、今では会社の神棚で手を合わせることはもちろん、それぞれのご自宅にも神棚があるようです。

また、昨年の金沢の言霊旅のときは、事業拡大をしたい、仕事の展開を広げたいと望んでいる経営者の方々もお連れして、ご縁結びに強い神様のお力をお借りするため白山比咩《しらやまひめ》神社へ。社長様とその右腕となる方が、それぞれに何名かご参加くださり、お互いを鏡のように映し、とてもよい刺激になったと後日、お話ししてくださいました。

ご自宅でも毎朝、神棚に手を合わせることで、前日に嫌なことがあっても気持ちをリセットでき、映え映えとした気持ちで一日を始められます。いつも守られている気がするので、**何があっても自分を信じることができるようになった**、とおっしゃる方は少なくありません。

毎日、必ず神棚に手を合わせるというのは、自分を律することにもなり、それを習慣づけると、本当に物の見方が変わってきます。それが、道を開くことにつながるのです。

第二章

自分に合った神社を見つけよう

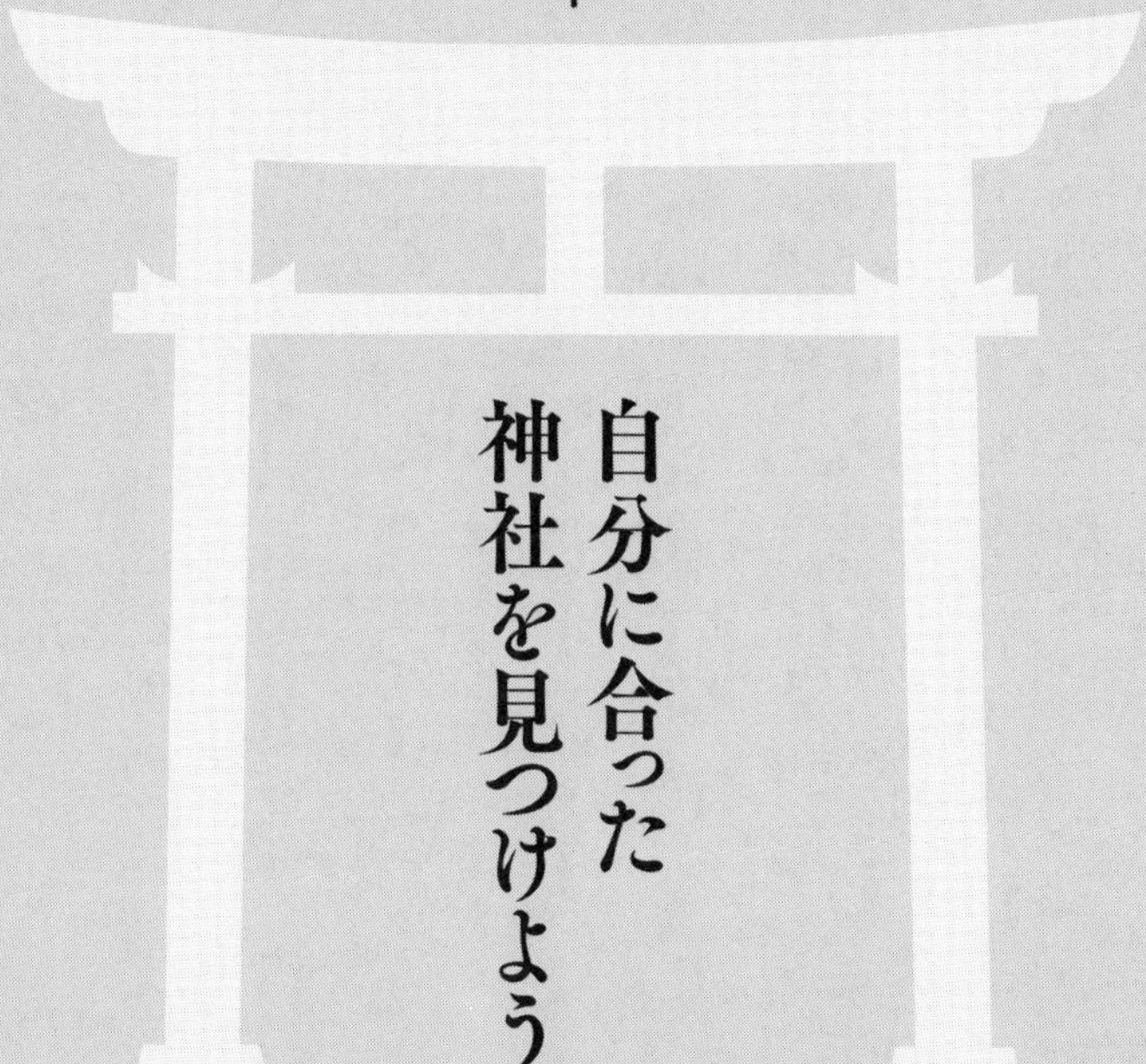

「自分に合った神社」を見つける理由

氏神様への参拝を心がけ、神様のお力を感じられるようになり、さらに強い願いを神様にお祈りしたいという方は、ぜひ**「自分に合った神社」**を訪ねましょう。

「自分に合った神社」とは、自分を後押ししてくれる神様です。

神様は、自分のそばにいつもいてくださるわけではありませんが、「自分の中に神様の存在がある」と思っていれば、非常に心強いものです。

現実的に、目的に向かって行動を起こすのは、現世にいる自分です。自分を、上から引っ張っていただくのか、下から押し上げていただくのか、そのお力を神様がお貸しくださるのです。

願いが叶いやすいのは、**神様や神社の持つエネルギーと自分が共鳴したときだということを、先に申しました。神様から最強のお力をいただきたいなら、より共鳴できる神様、神社をお訪ねする必要があるでしょう。**

それが、「自分に合った神社」です。そこで神様に手を合わせ、賜った言霊《ことだま》を信じ、気持ちを新たに前に進みます。そうすると、「ここぞ」というときに、自分に手を貸してくれる人物がすっと現れる、難航していた交渉ごとが、突然、嘘のようにスムーズに進み始める……といったことが起こるのです。

自分は今、何を求めているのか

神様にも「得手、不得手」がある、という言い方が適切かどうかわかりませんが、**願いによって適する神社があるのは、本当です。**願いごとそれぞれに、その担当の神様がいらっしゃるのです。

多くの神社では、何柱もの神様をお祀りしていますから、この神社では商売繁盛の祈願をしてはいけない、ということではありません。実際、神社の祈願内容を見ると、どのような祈願に対応しているかが書かれています。

どの神社でどのような祈願をしても問題ありません。しかし、より強いご加護を受け取るには、願いごとに適した神社でするのがよいのです。

金運を上げたい、出世をしたい、恋愛運をよくしたい……と、それぞれ願いの内容は異なるでしょう。たとえば、インターネットの検索窓に「金運、神社」と入力すれば、全国各地の「金運が上がる神社」に関する情報が、たくさん出てきます。その中から、訪れたいと感じる神社を参拝するのも一つの方法でしょう。

しかしながら、本当に叶えたいと強く願うなら、「なぜ、金運を上げたいのか」、その理由を自分の中で明らかにする必要があります。

家族が安穏に暮らすのに十分なお金がほしいのか、子どもの学資がほしいのか、事業を大きくしたいのか。

たとえば、**子どもの学資を求めているなら、単に金運に強い神社を参拝すればいいというわけではありません。**

学資を求めているということは、普通の学校の授業費などではなく、私立に通う費用だったり、よい家庭教師をつけるための費用、あるいは留学費用だったりするでしょう。

ですから、まずは、子どもがその学校に行く目的は何か、それを明らかにして神様にお伝えすることが大事です。

また、お金のことですから、家庭環境に大きく左右されます。父親がサラリーマンか自営業か、母親もフルタイムで働いているのかパート勤めなのか。それによって、父親と母親のどちらが子どもの学資を払うのか、ということも考えなければなりません。そして何より、子ども自身が本当に、学資のかかるような学校に進むことを望んでいるかどうか、ということが大事です。

たとえば、子どもが「医者になりたい」と望んでいたら、医学系の大学は入学金も授業料もかかりますから、かなりの学費が必要となるでしょう。そうなると、「医療の神様」と「学業を後押ししてくださる神様」、そして「お金の流れをスムーズにしてくれる神様」の、三柱の神社に同じく「学資がほしい」とお祈りします。

ある方には、上野東照宮様、東京・湯島天神様、品川神社へのお参りをお勧めしたところ、子どもさんは望み通り、医療系大学に合格されました。

もし、子どもが実家を離れていたら、「子どもが今、暮らしている場所の氏神様」と「学業を後押ししてくださる神様」「お金の流れをスムーズにしてくれる神様」の三柱です。

地元を離れて東京で暮らすお子さんを持つ方には、東京の氏神様と京都・北野天満宮様、京都・上賀茂神社様のお参りをお勧めしたところ、志望した私立大学に合格。

なお、学資をつくるのは親ですから、お金の流れをスムーズにしてくれる神様は、親との相性があります。また、できれば親子一緒にお詣りするのがよいでしょう。

事業を拡大して会社を成長させたい、起業して成功したい、と願うなら、金運を上げる神社だけでは弱いです。

一ビジネスマンとして「もっと高い給料がほしい」と願うなら、金融に強い神社よりも、資格取得に強い神様や、学問の神様のお力をお借りしてキャリアアップできれば、おのずと給料は上がっていくでしょう。

恋愛に関しても、ただ漫然と恋愛に強い神様にお祈りしていてもだめです。いつも楽しく恋愛をしていたいのか、それとも恋愛を経て結婚をしたいのかで、お詣りする神社は違ってきます。

良縁を得て結婚したいなら、恋愛運アップの神社を訪ねて「素敵な人と出会えますように」と祈るだけでは、本当の意味での願いは叶わないでしょう。神様は、素敵なご縁を与えてくださると思いますが、それが必ず結婚につながるとは限らないのです。

人生を共にするよきパートナーとの出会いを求めるなら、まずは「こういう人と出会って、こういう人生を歩みたい」というように、性格、価値観、容姿など、自分が相手に何を求めているのか、今一度、自分に問うてみる。そうすればおのずと、本当に訪ねるべき神社がわかるはずです。

自分が何を求めているのか知ることが、願いを叶えるための第一歩。**神様と向き合うことは、自分自身と向き合うこと**でもあるのです。

漠然とした願いのままお祈りしても、神様はお力の貸しようがありません。

神社を参拝する手前で、**自分の本当の願いは何なのか、自分に必要なのは何なのかを知り、自覚できていれば、おそらくその時点で願望成就の手前までできている、**と言ってよいでしょう。

真剣に自分と向き合い、目的や未来のために何が必要かということをわかっている人に、神様は強く大きな力を貸してくださるのです。

●●●その場所にいるだけで「気持ちがいい」

自分に合った神社の見つけ方としてもう一つ、**その場所で自分が自分らしくいられるか、気持ちいいと感じられる場所かどうか、ということも重要です。**

神様から言霊を賜るには、神様が持つお力だけでなく、**お祀りされている「場所」の持つ力が必要で、それと共鳴できることが大事**です。

私にとって、それは伊勢神宮の内宮にある別宮の一つである「瀧原宮《たきはらのみや》」です。「ゼロ磁場」といわれる、地球のプラス磁気とマイナス磁気の力が拮抗している場所にあり、そのせいでしょうか、木々も少し曲がっていたりして、独特の雰囲気を持っています。

初めて訪れたときに、私はそれまで感じたことのない、大きなパワーを受け取りました。と同時に、心がどんどん浄化され、安らいでいくのを感じました。以来、一年に一度は必ずお参りするようにしていますが、だからといって、そのたびにご祈願するわけではなく、ただその場所にしばらく佇んだり、お宮の周りをゆっくり歩いたり。そうやって自分と向き合いながら、「私は今年一年、○○してまいります」とご報告します。

瀧原宮は、私にとっては力強い言霊にあふれる場所ですが、ほかの方にもそうであるとは限らないでしょう。

人それぞれに個性があるように、場所にも個性があります。

よいといわれる場所でも毒になることはありますし、ほかの誰も気に留めない場所でも、とても大きな恩恵が得られることもあるでしょう。それほどに、**「場の力」は運気の流れに大きく影響**するのです。みなさまにもぜひ、そうした場所、神社を見つけていただきたく思います。

現地に赴き、実際に「感じる」こと

共鳴できる「場」かどうかは、実際に神社を参拝しなければわからない、ということはご理解いただけるかと思います。

同様に、自分の願いに合う神社を見つけたら、**ぜひ現地に赴いてください。**

「神社が遠方にあるので、インターネット参拝でもよいでしょうか?」と聞かれることがあります。

インターネットや電話を使っての遠隔治療もあるように、「それを受け取ることができる」と知っている方は、直接の対面と同じように受け取ることができます。そのため、インターネット参拝も可能なのですが、やはり、**体験に勝るものはありません。**

インターネットや本、ヒーラーの方々のブログからは多くの情報が得られますが、それは自分ではなく、誰かの体験です。

自分でその場所を訪ね、感じなければ、細胞は何も変化しません。

本気で神様のお力をお借りしたいと願うなら、本書も含め、さまざまな情報を参考にしつつ、ぜひ、現地に足を運んでください。

行ってみると、「あれ？　ここは自分に合うと思っていたけど、ちょっと違うかもしれない」とか、「私、この場所が好き」とか、何か感じるはずです。それが重要なのです。

では、病を患っていて、現地に赴くことができない方が、神様のお力をお借りするにはどうすればよいのでしょう。

その場合は、**その方を本気で介抱、介護をしている人、治ってほしいと心から願っ**

ている人でしたら、ご本人の代わりとなることができます。

病を患っている大切な方のために現地に赴き、ご祈願やご祈祷をして神札やお守りを賜ります。そして、その神札やお守りをご本人が肌身離さず持つ、近くに置いて毎日手を合わせる。そうすることで、現地に赴いたときと同じ効果が得られます。

しかし、健康に問題がなく、ただ「時間がない」「遠方だから」との理由から、ほかの人に代参をお願いするというのでは、神様のお力をお借りすることはできません。「自分に合った神社」を見つけようというときに、**自分がその場所に赴かないのは問題外。氏神様についても、同様です。**

神様と直接、ていねいに向き合うことによって、道は明るく照らされ、運が開けます。祈願のある方はぜひ、自分の足で神様を訪ね、お詣りなさってください。

願いが叶わなくてもお礼詣りを忘れずに

「喉元過ぎれば熱さを忘れる」というように、苦しいときは神様のお力にすがりながら、物事がよい方向に向かうと神様への感謝を忘れてしまう。人間の悲しい性《さが》です。

慢心からくる「言挙げ」をすると、自ら不運を呼び込んでしまうことは先にお伝えしました。

もう一つ、とても大切なことは、**願いが叶ったら必ず神様のもとへ、お礼にうかがうこと**です。願いが叶った実感があったら、なるべく早く訪れてそのことをお伝えください。神様は、あなたの願いが叶ったことはご承知です。どれほど嬉しい顔で楽しい声でそのことを話してくれるのかを、今か今かと待っていらっしゃいます。

「見えない世界」への感謝の気持ちを持てない人は、現実の世界でも周囲の人たちにも感謝の気持ちを伝えていないことでしょう。物事がうまくいくのは、すべて自分の力であり、利用できることは利用しただけでは傲慢です。

一人の力ではなく、手助けをしてもらったから、支えてもらったからと気づくために、お礼詣りは欠かさない大事なお詣りなのです。

願いが叶った実感がなくても、お札を賜っている場合は一年経ったら、「一年間、ありがとうございました」と神様に感謝をお伝えしにうかがいましょう。

実は、**神社に参拝すると、自分が祈願していること以外に、願いにつながる小さな**

ことがたくさん叶っている場合が多いのです。ところが、そうした小さな変化や、神様からいただいた小さな幸せに気づかない人が少なくありません。

神社参拝をしたことでもたらされる小さな変化や幸せに気づくことが、願いを叶えることにつながっていきます。

「願いが叶ったのですが、あちこちの神社にお詣りをしているので、どの神社、どちらの神様のおかげで叶ったのか、わからなくなってしまいました」とおっしゃる方がいます。

私は、**「巡った神社すべてにお礼にうかがってください」**とお伝えしています。願い別に担当する神様が決まっていることはすでにお話ししましたが、たとえば、事業を拡大して金運を上げたいと願っている方なら、金運に強い神社にお礼にうかがうのはもちろんのこと、ご縁を結んでくださる神様でしたら、仕事の人脈を広げてくださり、そのおかげで事業が広がったということになるので、お礼参拝をしたほうがよいのです。

気づかないだけで、あちらの神様もこちらの神様も、幸せをもたらしてくださっているかもしれません。

観光で訪れただけの神社でしたら、無理をしてうかがわなくでも大丈夫です。でも、ご祈願をした神社には、必ずお礼参拝をいたしましょう。

次なる祈願でステップアップ

お礼参拝の際には、お札をお返ししますが、それだけでなく「これからも、どうぞよろしくお願いします」とご祈祷を受けるのもよいでしょう。

願いが叶ったから、次なる目標に向かっていこうと気持ちを新たにして、前に進もうとする人には、神様はよろこんでお力を貸してくださいます。

ご祈祷を受けるだけでなく、感謝の気持ちを示すものとしてご寄付をしたり、神札を賜るほかに何か、神社のものを買い求めるのもよいでしょう。そうしていると、神社から例大祭などのご案内が届いたりしますので、お祭りにうかがったり、お手伝いをしてもよいと思います。神社、神様とのご縁は途切れることなく、ご加護を受け続けることができるでしょう。

参拝に通っている神社が遠方にあり、年齢を重ねるなどして、うかがうのが厳しくなってしまったときは、うかがうのを休止してもかまいません。

そのように遠方に行けない方のために、全国各地に「分霊社」があります。たとえば、東京大神宮は伊勢神宮の分霊社です。

分霊社だから神様のお力が弱い、ということはありません。遠くの本社には行けないけれど、そちらの神様にずっと見守っていただきたいと願うなら、分霊社をお詣りするのも一つの方法です。

なお、神社へのお詣りを続けてご加護を受けているうちに、自分の中に新たな願いが生まれて、「もう一段、ステップアップしたい」と思うようになることがあります。それは、人生のステージを上げるよい機会です。

参拝にうかがっていた神様に、「これまでお支えくださり、ありがとうございました」と心からの感謝をお伝えして、その神社から卒業です。次に自分が目指す世界の方たちが多く参拝に訪れる神社を、訪ねてみてはいかがでしょう。

そこで神様と共鳴できたと感じたら、新たな「自分に合った神社」として崇敬し、ご参拝ください。神様は、次なるステージに上がるために必要なお力を与えてくださいます。

「自分に合った神社」が見つからない!?

神社参拝をしても願いがなかなか叶わないのは、神様への敬いが足りなかったり、自分に合った神社にお詣りできていないというだけでなく、**心身のバランスが乱れていることも、一つの原因**です。

ひどい二日酔いだったり寝不足だったり、情緒が不安定なときは「感じる」ことがむずかしいので神様と共鳴しにくく、そこが自分に合った神社かどうか、わからなくなってしまうのです。

また、神社を訪ねる前に、たくさんの情報を入れすぎるのも、よくありません。参拝する神社のことを調べるのはよいのですが、インターネットの情報、とくにいろいろな方のブログを読みすぎると先入観が生まれ、また、よい話に流され、そこを訪ねることが自分にとって本当に必要なのか、考えなくなってしまいます。その状態で現地に立っても、そこが自分に合うのかどうか、感じようもありません。
他人の情報に振り回されず、現地を訪れたら、神社の入り口にはたいてい由緒書がありますから、そちらをよく読みましょう。あらためて、ここがどういう場所なのか、これからどういう神様と向き合うのかを確認することで、神様とつながりやすくなります。

実際に訪れてみて、「何も感じられない」こともあります。鳥居をくぐる前に「なんか、ちょっと違うな」「気持ちよくないな」と感じたら、参拝しなくてもかまいません。「それでも御朱印だけは」と思っても、やめておきましょう。
日をあらためて訪れたら、今度はものすごく共鳴する、ということもあります。その逆もまた然りで、ずっと参拝していたのに、ある日突然、違和感を覚えることもあります。その感覚には素直に従ってください。

なお、見えない世界のものたち、霊の影響で、自分に合った神社が見つけられなかったり、神様を心から敬い祈っているのに、願いが叶わないということがあります。

そうした霊の影響を受けないためにも、日頃から、部屋は四隅まできれいに掃除をする、朝は必ず太陽の光を浴びる、玄関を掃き清める、塩を入れた湯船に入る……などをして、心身の浄化に努めることが大切です。

ただ、霊による淀みがある場合は、日々の浄化だけでは弱いかもしれません。日本には多くの霊能者がおりますので、自分に合う方に浄霊していただくとよいでしょう。私も、ご相談にお見えになる方には、必要であれば浄霊しています。

浄化、浄霊をすることは、特別なことではありません。一般的に、日常を過ごしていると誰しも穢れますので、祓う必要があるのです。イメージとしては、「心身の大掃除」といったところでしょうか。神社参拝前の清めとして行う方も、多くいらっしゃいます。

第三章

必ず願いが叶う「玉依式ご参拝法」

なぜ、お詣りをしても効果を感じられないのか

神社参拝をした後に、とてもよい流れが訪れる人と、まるで変わらない人とがいらっしゃいます。その違いは、どこから生じるのでしょうか。

そこが自分に合った神社や場所ではなかったということも理由の一つですが、神様に向き合う準備が足りなかった、間違った向き合い方をしてしまった、ということも大きいように思います。

とくに、神様との向き合い方を知らないために、自分ではよかれと思ってやっていたことが、かえってお力をお借りできなくしてしまうという、もったいない参拝をしているケースも少なくありません。

たとえば、東京・港区の愛宕《あたご》神社は、二三区内でもっとも高い標高二五・七メートルの愛宕山にあります。神社に上がる急な階段は「出世の石段」と呼ばれ、ここを一気に駆け上がると出世が叶うといわれています。

それゆえ、多くのビジネスマンが参拝に訪れていますが、みなさん、お昼休みを利用してこられるのか、お詣りを終えると急ぎ足で神社を後にされます。詳しくは後述

しますが、本来ならば、神様に向き合った後は境内をくまなく巡り、ご神気を受けながら自分自身と向き合うことが大切なのです。

お昼休みという限られた時間の中では、急いでお詣りしなくてはと気が逸るので、つい急ぎ足になってしまうのも致し方ありません。それでも、忙しい合間をぬってでも参拝する、その心は神様にもきっと届くはずです。

問題はその後です。多くの方が、出世の石段を急いで一気に駆け下りていきます。私は、その光景を目にするたびに、**「もったいない」**と思います。

出世の石段を、急いで一気に駆け下りる……と聞いて、はっ、となさったのではないでしょうか。そう、出世をするどころか、現在の立場、地位から落ちてしまう可能性を引き寄せてしまいます。

通常、神社は「入ったところから出る」のが作法ですが、愛宕神社の場合は、出世の石段の脇にゆるやかな階段があり、そこを下って出るようになっています。自分には何が必要なのか、どうすればいいのかを考えながら、ゆっくり下りることが大切なのです。

ほかにも、せっかく神社を訪れても、参拝の方法をご存知ないためにもったいないお詣りをしている方を見かけることが、少なくありません。

この章では、神様からより濃密な言霊《ことだま》をいただいて、願いを叶えるための参拝方法をご紹介します。

準備は三日前から

まず、参拝に訪れる前の準備として、**「心身の浄化」**を心がける必要があります。

神社のお祭りに携わる神職の方々は、必ず「禊《みそぎ》」を行います。日常の垢にまみれた不浄のままでは、神様に近づくことはできないからです。

神職の方々は「潔斎《けっさい》」として、他者から離れた潔斎所に数日から一週間ほど籠《こ》もり、身を清めます。その間は、食事の制限もあります。

常日頃、神様にお仕えしている神職の方々でさえ、このようにして心身の浄化に努め、神事にご奉仕しているのです。

遠方の神社参拝は、旅としての楽しみもあるでしょう。その土地の物をいただくことはその土地の神様に向き合うことですし、観光の途中に神社を見つけ、ふらりと寄ってみるのもいいでしょう。もちろん私も、参拝に訪れた先で美味しい物をいただいたり、近くを散策することも楽しんでいます。

それでも、**「見えないもの」の力をお借りして、なんとしても自分の願いを叶えたいと参拝するのであれば、やはり、心身をしっかり清める準備をした上で神様と向き合うことが大切です。**

参拝に向かう前に、「心身を清めよう」と思うことで、自分の願いに真剣になります。あらためて自分を振り返るきっかけにもなり、それが、願いを叶えることにつながるのです。

準備は、神社参拝の三日前から始めます。仕事上のつき合いもあって、三日も前から食事制限なんて……など、「できない」理由はいろいろあるでしょうが、真から願いを叶えたいと思うなら、ぜひ心がけてください。

準備一　天然塩を使う

塩は、体に振りかけて清めに用いたり、葬式の後に撒いたりするように、とても強い浄化力を持っています。

神道では、神様に捧げるものとして、また、家や店舗などの玄関先には、魔除け、厄除け、さらには人を寄せるための縁起担ぎとして、「盛り塩」をします。その起源は、伊邪那岐命《イザナギノミコト》が、黄泉《よみ》の国よりこの世に戻ってきた際、黄泉の国で不浄なものに触れたとして、日向橘小戸《ひむかのたちばなのおど》の阿波岐原《あわぎはら》の海で禊ぎ祓いをしたことです。塩は、生命力の浄化をしてくれるのです。

塩なら何でもいいというわけではありません。「食卓塩」の塩は、精製されているので浄化には不向きです。**天然の塩、中でも海の塩**は、前述の禊ぎ祓いの由来からしてもお勧めです。

塩は、主に入浴に用います。湯船に入れる場合は、スプーンに一、二杯、そのときの心身の状態に合わせて入れましょう。より本気度を示したいときは、**湯船のお湯は家族と共有せず、自分だけのお湯で**入ることをお勧めします。

夏の暑い時期や、体調などでどうしても湯船に入れずシャワーですませる場合は、手のひらに塩を取り、少し水を加えて混ぜながら砂利やスクラブのような状態にしてから、首の後ろや胸の真ん中、丹田（おへその下）、仙骨（骨盤の中央にある逆三角形の骨）あたりに擦り込んでから、流してください。

シャワーは、漫然と浴びるのではなく、すべての穢れが、頭の天辺から下へ流れるイメージで浴びることで、浄化力が高まります。さらに、塩で両方の足指の間を清めると、パワーを得ます。

なお、塩は家の清め、掃除にも向いていますので、バケツに入れた水に塩を加えて床や玄関を拭くと、福が訪れます。

準備二　水を「意識して」飲む

私たちの体の約六割は、水でできているといわれています。月の満ち欠けによる潮の満ち引きに感情が左右されるのも、その影響によるものです。

ですから、日頃から水を飲むことを意識するとよいのですが、参拝のための準備とするならば、**よい水を、意識して飲むこと**が大切です。**「体に溜まっている余分なもの、穢れを出すために、清らかな水を入れよう」**と意識しながら、飲むようにします。

飲み水としては、水道水がよくないわけではありませんが、浄化の期間は体が求める水を飲んでください。ただし、汲んでから時間が経っている水は、淀みます。淀んだ水では、浄化になりません。同じ意味で、ペットボトルの水にもご注意ください。

体に溜まっている余分な電気を祓うのにも、水は効果的です。仕事や勉強の合間や、電車で移動した後などに、手を流水で流すとよいのです。なお、**パソコンを長時間使用しているときや感情が安定しないときは、肘から流水を流すことで邪気祓いになります。ぬるま湯や溜め水ではなく流水**で行いましょう。

準備三　お香を焚く

塩、水に次いで邪気祓いに効果があるのは、香りです。

心身の穢れというのは、食べるものや飲むもの、生活スタイルだけで汚れるわけではありません。嫉妬や怒り、悲しみや無気力といった**「負の感情」に惹きつけられるように邪霊が憑《つ》く**ことでも穢れるのです。

霊が憑いてしまったら除霊するしかありませんが、そうなる前に、取り憑かれないようにしましょう。

そこで力を発揮するのが、香りです。**アロマよりお香の煙が立ち上るほうが、霊には効果的**です。お香の香りは、あの世のものが唯一、感じ取ることができるものなので、霊が寄ってくることもありますが、芳しい香木のお香を焚くと、神様と向き合う気力が体の中に満ちてきます。

どうしてもお香を焚くことができない場合は、アロマオイルを用いましょう。その場合は、混ざりもののない、本物の精油を使います。

また、匂い袋を携帯するのは、魔除けにもなるのでお勧めです。ただし、**人工的な香水は、邪を引き寄せてしまう**ので、控えてください。

準備四　肉を食べない

動物の肉など、消化に時間のかかるものを食べると、感覚が鈍ります。**食べないほうが五感が研ぎ澄まされるので、「見えない世界」とつながりたいと思うときや願いが強いときには、体を、よりクリアな状態にしておく**ことです。

ほかに、ニラやニンニク、玉ねぎなど、においの強いものもなるべく食べるのを避け、アルコールも口にしないほうが、より清浄になります。同様に、コーヒーやタバコなど刺激のあるものも控えたほうがいいでしょう。

これらのことを三日間続けるのが理想ですが、少なくとも参拝の前日は心がけるようにしてください。

準備五　睡眠を十分にとる

早寝、早起きをし、質のよい睡眠をたっぷりとりましょう。

早起きすることで太陽のエネルギーをより多く吸収でき、幸せホルモンの分泌がアップします。それによって、生命力が高まり、前向きな意思の力が発動しやすくなるのです。

十分な睡眠がなぜ必要かというと、眠っている間に、魂はクリアリングを行っているからです。そのため、睡眠が足りないと思考力が低下し、とくに夜遅い就寝は免疫力を下げ、霊が依りやすい体になってしまいます。


準備の最後として、念入りに掃除をして家の中を清浄な状態にします。参拝から戻ったときに、お連れしてくる神様が不快に思わないように、神棚もきちんと整えておきましょう。

以上で準備は完了。神社参拝の当日の朝を、心身ともに清らかな状態で迎えられます。

なお、神道では「血」は不浄なものとされ、女性の「月のもの」も基本的には穢れと考えられています。参拝当日に月のものが来てしまったら、少なくとも昇殿参拝は避けたほうがいいかもしれません。

前々から予定を組み、きちんと準備をしていたのに突然、そういうことになったのには何か意味があるはずです。「今日はその時ではなかったんだな」と受け止め、日を改めてご祈祷を受けるようにしましょう。ただし、通常のお詣りなら、かまいません。

願いを叶える神社参拝法

ここからは、日頃、私が神社参拝の際に行っている、**「玉依式参拝法」**をご紹介します。神社参拝ガイド本に紹介されている方法と、さほど違いはありませんが、**より願いが叶いやすくなる秘訣**がありますので、ぜひお読みになってみてください。

〈服装〉理想は正装。女性もスーツを

神社参拝は、神様と向き合い、言霊をいただくものです。神様に失礼のない服装を心がけましょう。

特別な願いごとがあってご祈祷を受ける場合は、男女とも正装が理想です。男性はスーツにネクタイを着用します。女性は、正装といっても結婚披露宴に出席するときのような、華美な装いは好ましくありません。

スーツまたはスーツに準じたものにしましょう。アクセサリーは最小限に。子どもの小学校受験に付き添う親御さんのような、紺色のスーツに真珠のネックレス、という姿をイメージしていただくといいかもしれません。

なお、伊勢神宮で特別参拝（御垣内《みかきうち》参拝）をする場合は、さらに礼節を重んじた装いが求められますので、ご注意ください。

和服ならば正装だろうと、浴衣姿で神社参拝をする若い女性を見かけることがありますが、そもそも浴衣は湯上がりに着るものですから、正式な場にはふさわしくありません。神社で催される夏のお祭りに出かけるならかまいませんが、願いを叶えたい

と参拝する場合は、浴衣は問題外です。

通常の神社参拝でしたら、正装でなくてもかまいません。ただ、神様のお力をお借りしたいと願って参拝するなら、それなりの服装を。

お昼休みに神社をお訪ねするときも、ジャケットを持って出て参拝の前にはおるとか、ネクタイを外していたら締める、ゆるめていたら締め直す、ノーネクタイならシャツの第1ボタンまでとめる、寒い時期なら、マフラーやストールを外す、このくらいのことでもよいのです。**少し身なりを整えるだけで、神様と向き合う心の準備ができ、神様と、よりつながりやすくなります。**

旅先で、その土地の神社に参拝してみようというときは、カジュアルな服装でかまいません。ただし、衣服も足元も、**肌を露出しすぎない**こと。タンクトップやキャミソール、ミニスカート、穴あきジーンズ、サンダルや下駄は避けたほうがよいでしょう。

旅の目的の一つに神社参拝があるのでしたら、それなりの服装を持参しましょう。

毎朝のジョギングや散歩の途中、氏神様に手を合わせる場合は、スポーツウェアでももちろんＯＫ。それは、「毎日参拝する」という信仰の姿ですから、失礼にはあたりません。ただ、その場合でも、手を合わせる前には身なりのほこりをさっと払い、息を整えてからお参りいたしましょう。

〈参拝する時間〉早朝、場が清浄なうちに

お勧めしているのは、神職の方々が境内を清め、毎朝のお祈りを終えた頃の、早朝の参拝です。早朝は訪れる人も少なく、清められた境内は、まさに神様も動き出す前の凛とした空気が感じられ、神社のパワーも強く、より濃密な言霊を受け取りやすいのです。静寂な中でゆっくりと神様と向き合うことは、何ものにも代え難い時間です。そう考えますと、遠方の神社をお参りするときは、前泊をして翌日の早朝参拝がよいでしょう。

早朝参拝が難しいときは、太陽がちょうど真上にあたる時間帯の参拝をお勧めしています。おおよそ正午を目安としてください。

一五時以降の参拝は、お気をつけください。どちらの神社でも、だいたい一七時には社務所が閉まります。それ以降も境内に入ることはできますが、一六時頃から「魔

の刻」に入り、夜には本当に霊も出てきます。願いごとをしていると、霊に隙を見せることになって、あまりよくありません。遅くても一五時には参拝をすませるよう心がけましょう。

神社で夜祭が行われる場合は、夕方以降でも神社に出かけてかまいません。ただし、拝殿で手を合わせ、願いごとをするのはおやめください。

一の鳥居から入り、鳥居をくぐるごとにご神気を受ける

神社には、いくつもの入り口＝鳥居があります。**鳥居は、神様が鎮座している神域へ向かうための神聖な門、いわば神域と俗界を分ける境界であり、結界を示すものです。**

一の鳥居から二の鳥居、三の鳥居と続きますが、最も大きい鳥居は、神社全体の入り口に立つ一の鳥居で、ご本殿に近づくほど聖域となります。

一の鳥居は、家の玄関にあたりますので、**可能な限り一の鳥居から入る**ようにしましょう。

神社を車で訪れた場合、駐車場は境内のすぐ近くにあることが多く、そうすると、

一の鳥居ばかりか二の鳥居もくぐらずに過ぎてしまうことがあります。

一の鳥居、二の鳥居……と鳥居の数が多くなるほど、聖域のエネルギーが強まります。その「気」を感じないのは、実にもったいないことです。

体がご不自由な方や足の悪い方は無理することなく、入りやすいところから入っていただいてかまいませんが、健康な方、祈願のある方は、駐車場に車を停め、**逆戻りになっても一の鳥居から入る**ことをお勧めします。

鳥居をくぐる前に、帽子をかぶっていたら取り、サングラスをかけていたら外し、一礼をします。**傘をさしたままでの一礼は、一礼にはなりません。**日傘を閉じるのはもちろんのこと、雨が降っているときでも、鳥居をくぐる際には一度、傘を閉じましょう。

なお、一の鳥居が、神社よりも離れたところにあって、車で鳥居の下をくぐる場合も、車の中で一礼します。

参道は真ん中を避けて進む

参道は、神様にお詣りする道です。**道の真ん中は「正中《せいちゅう》」と呼ばれ、ご本殿から神様の御霊が渡る道ですから、歩くときは避けて右か左、いずれかの脇を通ります。**

神様は、パラパラと歩いたり、ふわふわと周りを巡っていらっしゃいます。たとえば、福岡の志賀海《しかうみ》神社では、龍神様が境内をぐるりと一周しているほどですので、必ずしも参道の真ん中が神様が歩く邪魔になる、ということではありません。

また、複数人、あるいは大人数でツアーを組んで参拝するときは、真ん中を避けて通ることはむずかしいかもしれません。それでも、**横に並んで歩かないなどの工夫をしながら、できるだけ脇にそれてください。**

いかなる場合も、参道の真ん中は神様の通り道と心得、そこを堂々と、大きな声で話をしながら歩くのはやめましょう。

正中を避けるという意味では、**参道の左脇を歩くといいでしょう。**次に向かうことになる「手水舎《ちょうずや》」は左側にある場合が多いからです。参道の右脇を歩いていると、手水舎に向かうには参道を横切る、つまり正中を通ることになってしまいます。

「左進右退」という言葉があります。神仏に失礼にならないよう、左足から前に出して慎重に足を運ぶことで、敬意を示す歩き方のことをいいます。鳥居をくぐるときも、**初めの一歩を左足から**にすると、正中にお尻を向けずにすみます。

神社によっては、参道を右側通行としているところもあります。その場合は、それにならって参道の右脇を、右足から進んでください。

参拝を終えた後やご本殿の前を通るときなどに、つい正中にお尻を向けてしまったり、横切ったりしてしまいます。また、お詣りの後、参道の真ん中に立ち、しかも拝殿にお尻を向けて記念写真を撮っている方の姿も見かけます。

せっかく神様に手を合わせたのに、それでは何にもなりません。**神社を出るまで、正中を意識しましょう。**万が一、正中を横切らなければいけないときは、拝殿に向かって一礼を。**写真撮影をなさるなら、参道の上を避け、体を少し斜めにするなどして拝殿にお尻を向けることのないようご注意ください。**

本来、境内に響いてよいのは玉砂利の音だけです。**参道を歩くときは、おしゃべりしすぎないようにしましょう。**友人同士ですと、楽しくてつい声が大きくなりがちです。**強い願いがあるときや決意することがあるときは、一人で、もしくは志を同じくする方と一緒に行くことをお勧めします。**

境内での飲食も控えてください。夏のじりじりと熱い日には水分補給が欠かせませんが、**できれば一の鳥居をくぐる前にすませてください。**境内が広く、拝殿まで距離がある場合は、一度参道から離れて飲むようにしましょう。

手水舎で、禊を行う

多くの場合、参道の左側に手水舎があります。手水舎は、神前に向かう前に手や口をすすぐ場所です。

古来は、海や川で身を清めてから、参拝をしていました。そのため、手水舎に「洗心」と書かれていることもあります。文字通り、「心を洗う」ことを今に伝えるもので、**手や口を清めることは単に汚れを落とすためだけでなく、心の淀みを洗い流し、神様と向き合うためのものです。**

手水舎の水で清めることを「手水を取る」と表現しますが、それには次のような手順があります。

一、まず右手で柄杓《ひしゃく》を取り、水を柄杓一杯汲んで左手にかけ、左手を清める。
二、柄杓を左手に持ち替え、同じように右手にかけ、右手を清める。
三、再び柄杓を右手に持ち替え、左手の手のひらに水を受けて口をすすぐ。口をすすぎ終えたら、もう一度、左手を水で流す。
四、最後に、柄杓に残している水で、持っている柄杓の柄に水をかけて清める。

ポイントは、一杯の水で一～四まで行うことです。何度も水を汲んでぱしゃぱしゃと手を洗っている方を見かけることがありますが、水をたくさんかけるほど浄化できる、ということではありません。あたりが水浸しになりますし、次の方に水がかかるかもしれません。手水は一杯の水で終えるようにしましょう。

なお、最後に柄杓の柄を水で清めるのは、自分のためではなく、次に使用する方のためです。

手水を取った後は、白いハンカチで手を拭きます。清めるためですから、色柄物ではなく「白」です。神社参拝の前に用意しておきましょう。

神様に近づくお祈り

参道の先に拝殿があります。いよいよ、神様にお祈りをするときです。

このときは、**できるだけ正面に立ちましょう。**参道では真ん中を避けますが、お祈りをするときは、**正面で神様と向き合うことで、言霊を受け取ろうという意思が強くなります。**

お祈りの前に身なりを軽く整えましょう。カバンやバッグは持ったままにしたり足に挟んだりせず、脇に置きます。拝殿の前に荷物を置く棚や台があればそちらを利用してください。できれば、上着やコートは脱ぎましょう。

拝殿前に、「『祓い給へ、清め給へ』と三回唱えて参拝してください」と記していることがあります。書かれていなくても、ご存知であれば、二拝二拍手一拝の作法のときにお唱えしてください。

お唱えすることは、自分の意思をはっきりさせ、道開きとなります。大きな声で唱えるのは、ほかの参拝者の方々のご迷惑となりますので、そっと静かにお唱えしましょう。

参拝は、**「二拝二拍手一礼」**が一般的な作法ですが、拍手の数は必ずしも二拍手ではなく、たとえば島根の出雲大社、大分の宇佐神宮、新潟の彌彦《やひこ》神社では四拍手であったり、伊勢神宮では八拍手という作法もあります。また、どちらの神社でも神職の方々は、四拍手していらっしゃいます。

私たちも、敬いの気持ちを強く示したいと思ったら、二拍手にこだわらず四拍手、八拍手してもかまいません。

二拝二拍手一礼の前に、軽く深呼吸をして、一礼します。「礼」と「拝」は同じだと思われるかもしれませんが、違います。礼は頭を下げる程度ですが、拝は腰を九〇度に折る姿勢で、最も敬意を表す作法となります。

一礼をするときには、**自分の出身地（住所）、名前を告げます。**神様に自分の存在をわかっていただくためと、自分自身の決意表明のためです。声に出さずとも、心の中で唱えましょう。

鈴があれば鳴らします。天照大御神の天岩戸の前で、天鈿女命《アメノウズメノミコト》が鈴を矛の先につけて踊ったところ、天照大御神がお出ましになったことから、鈴は神様を招く道具となったのです。魔除けの意味もありますから、拝殿の上から音を響かせ、神様にご挨拶いたしましょう。

お祈りをする前に、お賽銭を入れます。

お賽銭の「賽」は、神様へのお礼を意味します。もともとは、神前でお米を撒く「散米」や、お米を紙に包んでお供えする「おひねり」のことでした。

散米とは、文字通りお米を神前に撒き散らかし、そのお米の持つ霊力で邪気を祓いご加護をいただくというものでした。今でも、お米がお供えされているのを目にすることがあります。その散米が「散銭」となり、いつの頃からか「賽銭」に変わりました。

お賽銭は、真心の表れです。 手を合わせるだけでもよいですが、お願いごとをするときはやはり、それなりの礼を尽くしたいものです。

神社を維持するのは、とても大変です。境内を整えたり社殿を修復するのにお金がかかるだけでなく、ご神事を行うにもお金が必要です。神職と兼業で神社を支えている方もいるほど、神社を維持するというのは並大抵のことではありません。とくに小さな神社では、そうした費用としてお賽銭も重要な収入となります。

お賽銭の額については、とくに決まりはありません。ご縁にかけて五円を入れる方もいれば、持っている小銭を全部入れる方もいるでしょう。それを信じて行うのならば、どれも間違いではありません。

ただ、お金はエネルギーの対価ですから、**大きな願いのあるときや、ご祈祷を受ける時間がなく、拝殿の前で参拝を終えて帰るというときなどには、多めに入れてはいかがでしょうか。**

お金をたくさん入れれば願いが叶う、ということではありませんが、五円、一〇円で「社長にしてください」「営業成績を上げてください」と願っても、それは弱いかもしれません。

そうした特別な願いがある場合は、ご祈祷を受けることをお勧めします。ご祈祷を受けるまでもないと思うのなら、神様に敬意を表す金額に。**音が鳴るほうがいいので、硬貨を用意しておくといいでしょう。**

初詣のときなどに、参拝客がたくさんで拝殿の前までなかなか進めないからと、ずいぶん手前のほうからお賽銭を投げ入れている方もいますが、お金を粗末に扱うのはよろしくないですし、神様に投げつけることになり、大変失礼です。

お賽銭は、神様へのお礼や真心を表すものですから、投げ入れたりせず、**お賽銭箱の中にそっと入れてください。**自分の番がくるまで静かに並んでいるか、それができなければ参拝客の少ない日を選んで、あらためて参拝するようにいたしましょう。

願いごとは、より具体的に伝える

お賽銭を入れたら、いよいよ願いごとです。

二拝二拍手をした後、手を合わせたまま願いをお伝えします。両手は下げすぎず、胸のあたりで合わせてください。

ポイントは、パンパンと二回、**高らかに音を響かせる**こと。鈴と同様、音も魔除けになるのです。右手を左手より少し下げ、手のひらとの間に「気を包むイメージ」をすると、高らかな音が鳴ります。

お願いごとを伝えるときは、**ぼんやりとではなく、できるだけ具体的に**しましょう。漠然としていると漠然とした願いになり、「叶ってはいるけど、少し違っている」ということになってしまうのです。

具体的に言わないほうがいい、という意見もありますが、私は、**より具体的にお伝えしたほうが神様にしっかり届く**ということを実感しています。

神様は、私たちの願いを言葉通りに受け取ります。「この人、控えめに言っているけど、本当は……」と願いを汲み取ったり、慮《おもんぱか》ったりはなさいません。金運を上げたいと思ったら、「金運を上げてください」ではだめで、**どのくらいのお金が必要で、何に使うために、いつまでに必要なのかといったことを細かく言う必要があります。**

たとえば、自分のお店の改修費として三〇〇万円が必要で、それだけの売り上げがほしいと思っているのに、ただ「今より多く、お金がほしいです」と願ったとしましょう。そうすると、思いがけず一〇〇万円の臨時収入があったりします。一〇〇万円でもありがたいことですが、本当は三〇〇万円ほしいので、二九〇万円足りません。「あんなにお願いしたのに」と思うかもしれませんが、神様は「三〇〇万円ほしい」とは聞いていません。「今より多く、お金がほしい」という願いだったので、その通りにしてくださったのです。

また、本当は独立をして、今の会社の社長を見返したいと願っているのに、神様に

「今の地位より上にいけますように」とお伝えしたら、社内で昇級しただけだった、ということもあります。昇級はよろこばしいことのはずですが、本心とは違うのですから、うれしくないでしょう。

日本では、お金のこととなると、はっきり言わなくなる傾向があるようです。でも、こと自分の願いを伝えるときには、**本心を言わないのは慎み深いことではなく、自分自身を偽っていること**になります。

いずれのケースも、本人は「願いは叶わなかった」と思うかもしれませんが、願いは叶っています。ただ、それが「本人が本当に願っていること」ではないだけです。

ですから、**お祈りをするときは本心を、そして、願いの内容を具体的に伝える**必要があるのです。

神様に願いをお伝えする時間に、決まりはありません。自分の心の満ちるまで手を合わせましょう。ただ、あまりにも長くなりそうなときや、自分のほかにもたくさんの参拝の方がいるときは、拝殿の正面ではなく、少し横にずれるなどの配慮はしたいものです。

日頃から、自分が何を求めているのか、願いや想いを手帳やノートに書き出し、まとめておくとよいでしょう。そうすれば、長々と手を合わせてほかの方のご迷惑になることもありませんし、何より、願いを正確に神様にお伝えできます。

願望が文字として刻まれることで、自分の願いが明らかになり、神社参拝のときに迷ったりためらったりせず、神様にはっきりとお伝えできるのです。

私は、願望を叶えるための「言霊手帳（ノート）」を作ることを、お勧めしています。そこには、願いを文字で綴るだけでなく、「こうなりたい」という未来図をイラストにして、それを神様にお見せしながらお祈りします。こうすると、より願いが叶いやすくなるのです。

お祈りが終わったら一礼し、神前を後にします。その場でくるりと回って下がろうとすると、お尻を拝殿に向けることになってしまいます。一礼したら、横にずれてから向き直るようにしてください。

摂社・末社もお参りを

参拝を終えたら、境内をくまなく巡ります。自分には何が必要なのか、これから何

をすればよいのか考えながら、ゆっくり巡りましょう。

境内には、さまざまな摂社、末社があります。そこを素通りするのは、よろしくありません。私は、摂社、末社がいくつも並んでいるときは、手を合わせ、頭を軽く下げて前を通るようにしています。

小さなお社《やしろ》には、賽銭箱が置かれているところと、ないところがあります。置かれていたら、お気持ちを入れてください。もし、小銭の手持ちがなければ、手を合わせるだけでもけっこうです。

話が前後しますが、参道を歩いて拝殿に向かう途中に摂社、末社があった場合、そちらからお詣りするのも間違いではありません。

参道を行く途中に摂社、末社があるというのは、参拝者に対して「禊をすませましたか？　あなた方は清浄ですか？」と問うためです。そうやって、拝殿にいらっしゃる神様を守っているのです。

「祓社《はらえのやしろ》」と書かれている摂社もあります。出雲大社では、参道の入り口にあたる「勢溜《せいだまり》」の鳥居をくぐってすぐの右手と、神楽殿前の二か所に「祓社」があり、それぞれに身についた穢れを祓い清めてくれる祓戸大神《はらえどのおおかみ》、四柱《よはしら》が祀られています。こちらに参拝することで、主祭神である大国主命《オオクニヌシノミコト》の言霊を清らかな状態でいただくことができるのです。

摂社、末社のお詣りが大切だということを示すエピソードがあります。北海道在住のその男性は会社勤めをされていましたが、そろそろ独立したいと考えていました。もともと、氏神様として北海道神宮に熱心に参拝しておられ、神様に心からお祈りしているとのこと。それでも、なかなか独立の機運に恵まれない。どうしたらいいでしょうか、と私にご相談がありました。

話をうかがったところ、男性はいつも拝殿で手を合わせるだけで、摂社、末社にはお参りしていませんでした。

北海道神宮の境内には、開拓者の方たちの霊を慰める開拓神社や、札幌鉱霊神社、銀行の神様でもある穂多木《ほたき》神社があります。そして、拝殿の脇には狛犬があります。狛犬については後述しますが、ここでも手を合わせたほうがよいのです。

なお、お金の巡りをスムーズにしたい、事務所や会社を新しく開設したいときなど、モチベーションを上げたい場合は、第一鳥居をくぐったら、次は第三鳥居から境内へ。

男性にもこの順に境内に入っていただき、狛犬、摂社にも必ずお詣りするよう、お伝えしました。そうしたところ、男性は一年後に晴れて独立して、事業は現在も順調です。

多くの神社には、摂社、末社のほかに稲荷神社があります。稲荷神社は日本の中で最も数が多い神社です。境内のはずれにお社があることが多く、見逃しがちですが、赤い鳥居とお社を見つけたら、必ずお詣りいたしましょう。

稲荷神社といえば、お稲荷さん。お稲荷さんといえば、狐が神使《しんし》（神様のお使い）です。「願いが叶った後にお礼をしないと祟られるから怖い」と稲荷神社には近づかないという方もいらっしゃいますが、**祟られることはありません。**

お稲荷さんは、神様の中で最も人間に近い存在です。私に親しみを感じてくださるのか、願いごとを次々に叶えてくださいます。

神様に願いを告げ、それが叶った折には必ずお礼参りをしていただきたいのですが、とくに**お稲荷さんには、必ずお礼にうかがいましょう。**油揚げをお供えする必要はありませんが、「お力をお貸しいただいたおかげで、願いが叶いました」と手を合わせてください。

ほかに境内で必ず目にするのは、狛犬です。「阿《あ》」「吽《うん》」と必ず対になって、参道や社殿の前に鎮座しています。邪気を祓い、神様をお守りするためです。

古来は、狛犬は宮中で用いられていましたが、いつしか神社や寺院でも用いられるようになりました。朝鮮半島を経て外来したので「高麗犬」と呼ばれ、後に「狛犬」になったのです。

境内を巡っていると、「こんなところに」と思うような場所で狛犬に出会うことがあります。それは、**その奥に守るべきもの、神様が存在するということです。決して通り過ぎず足を止めましょう。二拍手、もしくは手を合わせるだけでもよいのです。**

コロナ禍での神様との向き合い方

二〇二〇年は、世界中の人々が新型コロナウイルス感染症の脅威にさらされるという未曾有の事態が起こりました。日本においても一月頃から感染事例が報告され、感染の広がりはいまだ収まっていません。

そうした状況にあって、神社参拝についても、さまざまな制限が課せられるようになりました。

二月二六日、神社本庁から全国の神社に向けて、新型コロナウイルス感染症の対応について、マスク着用や手洗いなど衛生管理の徹底を行うようにと、アナウンスがありました。

多くの神社はそれに従い、中には、一時的にですが境内への立ち入りを禁じた神社もあったようです。郵便やインターネットを介して、ご祈願を受け付けている神社もあります。

しかしながら、こういうときだからこそ神社に参拝し、神様に手を合わせたいと思う方も少なくないのではないでしょうか。

世界中に同じ病が蔓延している今だからこそ、日本の八百万の神様の出番です。日本の祈りが必要なのです。もちろん、これ以上の感染拡大は防がなければなりません。郷に入れば郷に従え、です。

それでも、禊祓いのお心をつねにお忘れにならないようにと切に願いながら、いつもとは少し違う、今の参拝手順をご紹介します。

禊祓い、浄化の本質は変わらない

私は通常、拝殿を参拝するときには「マスクを外しましょう」とお伝えしています。顔を隠したまま神様と向き合うのは、失礼なことだからです。

ただ、神社の入り口に「境内ではマスク着用のこと」と書かれていたらそれに従い、周囲にどなたもいらっしゃらなくても、マスクを外さないようにいたしましょう。

何の注意書きもないときは、自分一人なら、またご一緒する方がいる場合は全員が了承されるなら、入り口でマスクを外して一礼し、参道を進みます。

そして、これは平時でも同じですが、境内ではおしゃべりを慎みましょう。

手水舎は、禊をする場所ですからマスクを外しますが、こちらでも、マスク着用との注意書きがありましたらそれに従います。

今、ほとんどの神社の手水舎は、柄杓が外され、水だけが細くちょろちょろと流れ出ています。**柄杓を使うときと同様に、その水で左手、右手の順にすすぎ、左手で水**

を受け、口をすすぎます。すすいだ水を左手で受けて流し、最後に両の手をすすぎます。

水の量がほんのわずかで、糸ほどにしか出ていないときには両手で受け、口をすすぎましょう。

手をすすいだら、いつものように白いハンカチで拭き、身なりを整えます。

手水舎の水も止め、消毒液を置いて、それで手を清めるようにとしている神社もあるようです。もちろんそれに従いますが、やはり水ですすいでこその禊です。私は、そうした場合に備えて、神社参拝をする際には手水用の水を持っていくようにしています。そちらでいつもの手順で手水を取ります。

前述しました通り、マスク、除菌スプレーなどが必須となりましても、**触れてはいけないものを触れるような扱いで参拝しないでください。神様と向き合う前に大切なのは、禊祓い、浄化です。何がありましても、その本質は変わりません。**

手水を取った後、境内でのマスク着用が必要でしたらマスクをします。必要なければ、そのまま拝殿へ向かいましょう。

拝殿、御本殿で神様と向き合うときには、それまでマスクを着けていても、可能であれば外しましょう。

現在、日常生活においては、ビジネスでもプライベートでも、どなたかと接する際にはマスク着用が当たり前となっています。

しかしながら、お祈りをするときに、自分の顔を明らかにしないというのはいかがなものでしょう。顔を覆うものがない状態で、目をまっすぐに向け、神様と向き合うようにいたしましょう。お祈りを終えたら、マスクが必要であれば、すぐに着けます。

鈴緒は、人の手が触らぬように上に巻き上げていたり、撤去している神社が多いようです。鈴の音は唯一、神様に聞こえる音ですので、**「マイ鈴」として小さな鈴を持参**し、お祈りする前に鳴らすのもよろしいかと思います。その場合は、周囲の方のご迷惑にならないよう、あまり大きな音を鳴らしませんように。

授与所、社務所では臨機応変に

全国、どちらの神社でもしっかりと、感染予防に努めていらっしゃいます。マスク着用、密を避けるなど基本的な対策は共通ですが、細かい対策については、神社によって実施しているところ、実施していないところ、いろいろです。

お守りやお札、おみくじ、御朱印などの授与を停止している神社もあります。

御朱印の授与を行っていても、接触を避けるために紙朱印（書き置き）の授与のみであったり、その場で新しく購入した御朱印帳には書いていただけるなど、本当にさまざまですが、神職の方々が、参拝者の間に感染が広まらないようにと気遣い、苦心してくださってのことです。戸惑うこともありましょうが、そこは臨機応変に、**注意書きやご指示には従うようにいたしましょう。**


新型コロナウイルスの感染拡大は、まだしばらくは続きます。参拝に関しても、新たなルールができてくるでしょう。それは、致し方ないことです。

しかしながら、そのルールに沿っているうちに、**神様と向き合う本質を見失いかねません。**そうすると、願いが叶わないどころか、日本の神社の在り方もわからなくなってしまうのではないかと、懸念しています。

世の中の状況がどのように変わっても、神様と向き合う本質は変わりません。さまざまな制限がある中でも、どうか、そのことを忘れずにいてください。

第四章

私がよくクライアントから受けるご質問

――残念なご参拝にならないように

神社や神様との向き合い方について、「どうすればいいのですか？」「○○しなければいけないのでしょうか？」といったご質問を受けることが、よくあります。お話をうかがっていると、よかれと思ってやっていることが、かえって運の流れを妨げてしまっているケースが少なくありません。とても、**もったいない**ことです。

この章では、とくに多く寄せられる質問をご紹介しながら、神様から、より大きなご加護を賜われる作法をお伝えします。みなさまの祈りが、神様に伝わりますように。

Q1

「大凶」や「凶」のおみくじは、境内の木の枝に結んで帰ったほうがいいのですか？

「大凶」や「凶」のおみくじを、境内の木に結んで帰ってくることは、絶対にしてはなりません。神社ではおみくじを結ぶ場所を設けていますが、あれは、参拝者が勝手におみくじをあちこちに結んでしまうため、苦肉の策を講じているのです。

よくないことが書かれているからといって言葉をきちんと読まず、**木の枝に結んで放ったらかしにするという姿勢は、すべてに通じますから、願いは絶対に叶いません。**

どのような言葉が書いてあっても、必ず持ち帰るようにしましょう。

おみくじの「吉」や「凶」といった文字にとらわれないようにしましょう。大事なのは、そこに書かれている言葉や和歌です。それらは、**「今、あなたはこういう状態だから、こうしましょう」という神様からのメッセージ**なのです。

あまりよくないことが書かれていても、それは今の自分に必要なメッセージと受け止め、**自分を見つめ直すきっかけにいたしましょう。**逆に、とてもよいことが書かれてあっても、浮かれてはなりません。

おみくじを引くときのポイントは、**「今の私に必要な言葉を与えてください」と心の中で唱えながら引くこと**です。そうやって引くおみくじは、自分の潜在意識の中にあるものを教えてくれます。**自分の内面を知ることが、運を開く第一歩**です。

おみくじには、箱の中に手を入れて引くタイプと、筒を振って棒を引くタイプがあり、前者の場合、おみくじを二つ取ってしまうことがあります。どちらか一つ選択できれば、もう一つは手放します。

もし、選択できなければ二つとも取り出して、一つ分のお金を追加し、二つとも開きましょう。それぞれ違うこと、たとえば片方が大吉、もう片方が大凶であっても、いずれもそのときの自分に必要なメッセージです。よいほうだけを持ち帰るのではなく、両方とも大切にいたしましょう。

おみくじは、いつでも読み返せるように、きれいに畳んで手帳に挟んでおきます。お財布の中に入れる場合は、**お金と一緒にしないように**しましょう。

おみくじがたくさんになって、手帳に入りきらなくなったら、専用のポーチや袋などを用意し、その中に入れて肌身離さず持ち歩いてください。

おみくじは神様の言霊ですから、日中、お供をしていただいたら、一日の終わりには、おみくじが入っている財布や手帳をバックに入れたままにしないで、置き場所を設け、丁寧に休ませるとよいでしょう。

おみくじは、一年を目安に保管しておきましょう。ただ、**おみくじに書かれている言葉に魂を揺さぶられ、ずっとお供していただきたいと思ったら、何年でも、いつまでも持っていてかまいません。**また新たなステップに挑戦したいという気持ちになったら、手放すタイミングです。お礼参りの際や、お焚き上げのときに、神社にお返ししましょう。

A

それは絶対にしてはなりません。必ず持ち帰り、大切に保管しましょう。

Q2

お守りには、本当に効果があるのでしょうか?

お守りは、ご神札を小型化したものです。**神様の前でお祓いされ、ご祈祷が入っていますから、神様の分霊です。神様の分霊ですから、本当にお力があります。**決して粗末に扱うことなく、大切に持つようにいたしましょう。

お守りは、受験や健康、恋愛、安産といった自分の願いのために持ちますが、購入することで、その神社に貢献することにもつながります。神社を維持するというのは、とても大変なことなのです。

自分のことだけを考えるのではなく、神様を敬い、お支えする。それは必ず、自分に返ってきます。「お守りください」というばかりでなく、お守りなどを購入することで神様を支える、と考えてお守りを持つと、大きなご加護が与えられます。

お孫さんに受験のお守りを、お嬢さんに縁結びのお守りをと、求められる方もいらっしゃるでしょう。**本来は、本人が購入するほうがよい**のですが、家族のため、友人のためにと思って購入したお守りに効果がないということはありません。

お守りは、いつも持ち歩きましょう。そして、帰宅したら必ずバックやポーチから取り出してください。数が増えたら、専用のポーチや袋を用意しましょう。

お守りは神様の分霊ですから、日中、お供をしていただいたら、夜はゆっくりお休みいただくために、あらかじめ専用の置き場所をつくっておきます。最もよいのは神棚ですが、神棚でなくても、静かで清浄な場所に、ちょっとしたコーナーを設けたり、入れ物を用意してもよいでしょう。

本棚に本と一緒に入れたり、テレビの上に置くのもよくありません。一日に何度も開けたり閉めたりする引き出しのあるタンスやチェストの上もNG。すぐ下の引き出しに下着が入っていれば、下着を別の引き出しに移してください。神様には、静かで清らかな場をご用意しましょう。

そこに、取り出したお守りを、「今日も、ありがとうございました」と心の中で唱えながら、静かに置きます。そして翌朝、「今日も、よろしくお願いします」とお祈りしながらバックに入れたり身につけることで、お供していただきましょう。

1年を目安に、購入した神社にうかがって、お守りをお返ししましょう。その際、**何かその神社のものを買い求めるのも、一つのお礼になります。**

A

お守りは神様の分霊ですから、お力があります。肌身離さず持ち歩きましょう。

Q3

御朱印をたくさん集めれば、より ご加護を受けられるのですか？

近年、若い女性を中心に、御朱印への関心が高まっています。それをきっかけに神社を訪れ、神様と向き合おうとなさる方が増えるのはよろこばしいことですが、残念なことに、御朱印をスタンプラリーのような感覚で集めたり、御朱印をいただくだけでお参りをしない方も増えていると聞きます。

御朱印は、スタンプとは違います。いただいて「はい、終わり」ではなく、おみくじやお守りのように**「神様にお供していただく」という気持ちでいただいてこそ、神様のお力をお借りできる**のです。

マイ神社と感じている神社を訪れる都度、御朱印をいただくことは、もちろんよいことですし、自分の記念日の度に訪れる神社の神様に幾度もお伴していただくこともよいことです。その場合は、同じ神社の御朱印が、季節ごとや記念日ごとに御朱印帳に記載されてもおかしなことではありません。一度、御朱印をいただいたから、「二度は書いてもらわない」とはお考えにならないでください。お伝えしたいことは、あくまで御朱印集めを目的にしないでほしいということなのです。

もともと御朱印は、神社ではなく寺院で、信徒に授けられたものです。信徒から納経（写経や読経）された寺院が、ご本尊の名前、寺院名、参拝日を記して宝印を押した、字受領証を信徒に渡していました。

宝印は納経印と呼ばれ、朱色であったため、いつしか御朱印と呼ばれるようになったのです。明治になる前までは「神仏習合」でしたから、神社の管理は「別当寺」と呼ばれる寺院で行っていたため、神社に納経し、別当寺から御朱印をいただいていた歴史があったことで、今に続いています。

このようなことから、御朱印をいただくということは宗教的な行為であり、神社の場合は、**御朱印を神様の印である「神璽《しんじ》」とすることもある、とても神聖なもので、神様の魂**といえましょう。

神社に何度も足を運んで、神様に手を合わせるのでしたらよいのですが、ただ御朱印をいただくだけでは、ご加護は受けられません。

御朱印をいただくのは、すべての参拝を終えてから。神様に手を合わせた後、ゆっくりと境内を巡って、「気持ちがいい。また訪れたい」と思ったら御朱印を賜りましょう。

納経料は、金額が決まっている神社と、「お気持ちでお納めください」としているところもあります。その場合は、神様にお供をしていただける、感謝の気持ちを示しましょう。

御朱印をいただくには、御朱印帳が必要です。好んでいる神社の御朱印帳でもよいですし、神社以外でも買い求めることができます。

御朱印帳以外には、絶対に御朱印をいただけません。**御朱印帳を忘れてしまったら、訪れた神社で新しいものを購入**しましょう。「うっかり忘れてしまった」というのは、自宅にある御朱印帳と合わせて、多くの神社を巡りなさいというサインです。「家に帰ればあるのに」と思わず、購入してください。

神職の方に御朱印帳をお渡しするときは、書いていただく部分を開いてお渡しすると、書いてくださる方も、どの場所に書くとよいのかわかりやすいと思います。

神社によっては、半紙に書いて渡してくださったり、あらかじめ半紙に書いてあるものを渡してくださるところもあります。いただいた半紙は、**持ち帰ったらすぐに御朱印帳に挟みましょう。**

御朱印帳を持ち帰ったら、**いちばんよいのは神棚に置くことですが、お守りを置いているスペースに一緒に置くのでもいい**でしょう。

A

御朱印はスタンプとは違います。集めればいいというものではありません。

Q4

洗った後のお金は、財布の中に入れておいたほうがいいのでしょうか？

金運向上を願うなら、お金を清めるのもよいですね。

清めたお金は、使わずにお守りとして保管しておくという方もいらっしゃいますが、私は**「使ってください」**とお伝えしています。

お金は放出するエネルギーなので、**放つことで戻ります。**大きく戻ってきてくれるように、巡りをよくするためにも使いましょう。

まずは、清めたお金の一部を、**神社の近くで**使ってください。たとえば、品川神社の参道は商店街になっていますから、そこでお茶やお食事をいただくのもよいでしょう。おまんじゅうやお菓子などを、おみやげに購入してもよいと思います。

お金を清めたいと思うときは、お金の巡りをよくしたい、増やしたいと思って行います。ですから、その目的のための一部に清めたお金を使いましょう。資格試験の受験料、参考書、毎年のスケジュール帳、スキルアップのためのレッスン料、新居移転のための費用、社員との会食費、営業のために必要な飲食費、病気療養中の方であれば、治療費用に用いてもよいでしょう。ギャンブルなど賭けごとに用いることは望ましいことではなく、自分の未来への自己投資であったり、世の中の役に立つことのために寄付をしたりすることで、使った以上のお金が戻ってくる。お金を清める方は、そう信じて行っています。なかには、お金を清めた神社の屋根の葺き替えの寄付に用いたり、お守りやおみくじを購入する方もいます。

お金を清める神社としては、鎌倉の、その名も「銭洗弁財天宇賀福神社」が有名ですが、私がよくご案内するのは、東京の品川神社の摂社、阿那稲荷神社。こちらにある「一粒萬倍《いちりゅうまんばい》の泉」でお金を清めることができます。

お金の清め方にも、よりご加護を受け取りやすい作法がありますので、ご紹介しましょう。

清めるお金の多寡によって受け取るご加護が違うということはありません。そのときの自分に必要な金額の一部を清めてください。前述したように、神社やその近くで清めたお金の一部を使っていただきたいので、一万円を浄めようと思っているときは、一万円札と千円、または百円玉を数枚一緒に合わせて浄めるとよいでしょう。一〇万円、あるいは一〇〇万円を束のまま清める方もいらっしゃいます。

お金はザルに入れ、柄杓に水を汲んでお金にかける、を三回行います。このとき、ザルに入れたお金にまんべんなく水がかかることが大切。ですから、たとえばお札を何枚も清めたい場合は、お札を重ねた上から水をかけるのではなく、お札を扇状に広げ、すべてに水がかかるようにしましょう。お札をぐっしょり濡らす必要はありません、全体に水がかかればOKです。

清めた後のお金は、**白いハンカチか、懐紙など白い紙で**水気を拭き取ります。お札が何枚かあれば、一枚ずつていねいに拭きましょう。その後、白い封筒に入れます。この作法がとても大切なので、お金を清める目的で神社を訪ねる際には必ず、白いハンカチや紙はもちろん、白い封筒もご用意ください。

その神社でお金を清めることができると知らずに訪ね、清めている人を見て「自分も」と思われたら、やってもよいでしょう。

神社によって清め方が異なることもあるので、清めている方に「どうすればいいのですか？」と聞いてください。たいてい快く教えてくださると思いますが、**尋ねても教えてもらえなかったり、適当な受け答えをされた場合は、やめておきましょう。**盗み見たり、見様見真似で行うと、その人の運を背負ってしまうことになります。

Q5

神様にお願いごとをしたら、「誰ともしゃべらず、家に直帰しないと願いは叶わない」と聞いたのですが……。

A

清めたお金は使ってください。循環させることで金運は上がります。

あらあら、なんという都市伝説でしょう。

参拝を終えたら、そのまままっすぐ帰らずに、神社周辺で食事をしたり、お茶をしたり、いわゆる「直会《なおらい》」をいたしましょう。

直会とは、神社祭祀、祭礼が終わった後に、神前に備えた御饌御酒《みけみき》を「お下がり」として、神職と参列した方でいただくことです。古来、お供えして神々の恩頼をいただくことができると考えられてきました。共食によって、神様と人間とが一体になることが、直会の本来の意義といえましょう。

ご祈祷を受けると最後に御酒を賜りますが、そのような意味があるのです。

しかしながら、通常参拝では「お下がり」のものがありません。その代わりとして、**神社周辺、**あるいは**境内に茶店などがある場合には、必ず立ち寄って飲食いたしましょう。神様と共食することにつながります。**

私は、その土地にゆかりのある品物や、特産品を購入することもあります。神社はその土地に携わる方々の支えがあってこそ成り立っていて、私たちも参拝できるのです。

「地元でお金を使う」ことで、感謝の気持ちをお伝えしましょう。

神様がいらっしゃる神社を、日々支えてくださっている方々の少しでもお役に立つことが、幸せの循環につながります。

A

ぜひ、神社の近くで飲食してください。地元の方に感謝を伝えることで、神様からより大きなご加護を受けられるのです。

Q6

初詣は、正月三が日のうちにしないといけないのですか?

初詣は、何がなんでも三が日のうちに、という決まりはありません。お正月休みが明けて混雑がなくなった頃に、もっと言えば、**旧暦の新年にあたる二月四日までの間に**お詣りをすれば、よいのです。

二〇二一年一月は、コロナ禍の中で初めて迎えるお正月です。世の中全体が健康面や経済面で大きな不安を抱えている今、「神様のお力をお借りしたい」と願う多くの方々が、初詣をしたいと思っていらっしゃることでしょう。

どちらの神社でも、お正月はたくさんの参拝者が訪れます。サーモグラフィーを設置して検温態勢を整えたり、お賽銭をキャッシュレス決済にしたりと、神社ではさまざまな工夫をなさっていますが、気になるのは人の密集です。

大きな神社では、参拝の行列ができます。われ先にと思うのでしょうか、人と人との間隔がどんどん狭くなりがちです。各自マスクをしているとはいえ、お互いに気持ちのよいものではありません。とくに今は、ウイルス感染が心配です。

そうしたことから、インターネットを通じて混雑状況を知らせるなどして、分散参拝を促すことを検討している神社もあるそうです。

ウイルス感染も心配ですが、あたりに蔓延する、**人々のイライラした気持ちは、穢れ**です。長い時間、立ちっぱなしで心身ともに疲れますから、行列に並んでいるだけで穢れを受けてしまいます。

我慢して並び続け、お祈りの番が自分に巡ってきても、後ろの人が待っているからと急かされた気持ちになり、清らかな気持ちで神様と向き合うこともできないでしょう。**サッと手を合わせるだけになってしまったら、神様に祈りは通じません。**

ウイルス感染予防のため、そして何より、神様としっかり向き合って新年のお祈りをするためにも、混雑を避け、お参りいたしましょう。早朝の参拝を心がければ、密を避けられます。

A

初詣は、節分(二月三日)までにすれば大丈夫。人混みを避け、静かにお詣りいたしましょう。

第五章

二〇二二年以降、私がクライアントにお勧めしている神社一八社

鳥居の奥は宮地嶽神社の奥之宮の二番社・稲荷神社（撮影：筆者）。

●●●二〇二一年は未来の飛躍に備えてエネルギーを蓄える年

世界中が不安に包まれた二〇二〇年。先が見えない状況は二〇二一年も続きますから、政治は安定せず、経済は停滞、人々のエネルギーはなかなか上がりません。

そのようなときこそ神様のお力をお借りしたいと、誰もが思うことでしょう。

私たちには、何かを始める、目標や目的に向かって行動するというときには、燃える「火」のエネルギーが必要です。ただ、その前にはまず、火が燃えるための材料である「木」を集めることが大切になります。二〇二一年は、将来の飛躍のために、その「木」というエネルギーを蓄えることを心がけましょう

それには、**自然あふれる聖地、森や林の中に鎮座する神社などに身を寄せる**ことです。その地に温泉があれば、それはエネルギーの泉ですから、ぜひ入ってください。地の物もいただきましょう。そうやって**自然の中に身を置き、火を燃やすためのエネルギーを体の中にどんどん取り込み、蓄えておくことが大切**なのです。

この章では、**二〇二一年以降にぜひ訪れたい神社を一八社**、ご紹介します。いずれも、実際に私がクライアントの方々にお勧めしている神社です。機会があったらというよりも、お祈りする

ためだけに訪れる価値のあるところばかりです。ご自分にとっての**吉方位に合わせてお参りすると、効果が倍増**します。

新型コロナウイルス感染を防ぐためにも無理のない範囲で、そして、もちろん神社の感染予防対策に従いながらお詣りください。

山の頂に鎮座しているなど、たやすく行けない場所もありますが、それだけに大きく、強いエネルギーをいただくことができます。山道や石段など、足元がよくない場所もありますから、適した靴や服装を準備して向かわれることをおすすめします。

真剣に向き合えば、神様は必ず応えてくださいます。みなさまが、神様のお導きを得られますよう、心よりお祈りしております。

十和田神社（とわだじんじゃ）

●青森県十和田市大字奥瀬字十和田一六
●御祭神：青龍権現（せいりゅうごんげん）、日本武尊（ヤマトタケルノミコト）

自然神のただならぬパワーをいただける

十和田湖には、中山半島と御倉半島という二つの半島が突き出ていて、中山半島の付け根の奥に鎮座するのが、十和田神社。その場所は、湖の周りの山々の形によって気が溜まりやすく、**非常にエネルギーの高い神社**です。

湖そのものを神とする自然崇拝と仏教が結びつき、青龍権現信仰が生まれました。その信仰の中心となったのが、こちらの神社です。

鳥居をくぐると、すぐに磁場の違いを感じます。この場所はもともと修験場であり、修験者が真剣にお祈りし、真剣に修行をしているので、場のエネルギーが強いのです。さらに自然神のお力もありますから、真剣にお詣りをして願うと、その大きなお力をポンと受け取ることができます。

上／石鳥居。これよりご聖域。 下／苔むした岩の上に鎮座している拝殿（撮影／上下とも筆者のクライアント）。

出世したいと強く願っている、再生したい、という方にお詣りをおすすめします。参拝後、明らかに**自分が「変わる」ということを実感**するでしょう。

あるクライアントの会社社長様は、業績が好調なときに、陥りやすい「このままで良いのだろうか？」という不安を抱えていました。売上げをつくるのに苦心している会社の方からすると「なんて贅沢なことを言っているのだ」と思われるような悩みです。意識が「光続ける」ことではなく、「光はやがて消えるはず」という方向に向かっていたのです。

その方にこちらの神社をお勧めし、湖の前で瞑想してくださいと言いました。

参拝した十和田神社から、神社の写真と長文のメールを送ってくださいました。

「売上が好調になっていて、これを維持することを考えたとき、大きくしていこうという意欲よりも、自分に何かあったら会社がその存在を失うのではないかと、その不安ばかりが大きくなっていました。志を共有し一緒に頑張ってくれている社員、支えてくれる家族、縁のある取引先も、みんな私を信頼してくれているのに、こんなことで、自分、何やってるんだ！　とバチッと目が覚めた気持ちになりました。実は、ここに来るのに無理したんですよね。時間調整が大変で。でも、来ないと玉依先生に、また怒られるでしょう？（笑）来てよかったです。ここに来たほうがいいよっていうことがよく分かりました！」

長いメールを拝見しながら、ここから、さらに業績をあげていく社長様の姿が想像できてうれしくなりました。神様とこの「場」から、大きなエネルギーをいただいたことが確信できたからです。

十和田神社から山中へ一五〇メートルほど上がった頂きの平場から、鉄のはしごをつたって降りると「占い場」があります。古来より、吉凶を占う場として信仰を集めており、宮司が神前に供えてお祈りをした「おより紙」を湖に投げ入れ、それが湖底に引き込まれるように沈んでいけば願いが叶い、浮いたまま波にさらわれ流されれば願いは叶わない、といわれています。

現在は、残念ながら占い場に立ち入ることはできませんが、おより紙は、御前ヶ浜に投げ入れてもよいとのことです。

神社参拝後は十和田湖へ行き、湖に向けて祈りましょう。大きな力を賜ることができます。私は湖で龍の気配を感じ、以来、霊能が鋭くなりました。

時間に余裕があれば、奥入瀬渓流にもぜひ、足を運んでみてください。自然の気をたくさん浴びることで、リチャージ、リフレッシュでき、力が湧いてきます。

金蛇水神社（かなへびすいじんじゃ）

● 宮城県岩沼市三色吉字水神七
● 御祭神：金蛇大神（カナヘビノオオカミ＝みずはめの神）、金蛇弁財天（カナヘビベンザイテン）

金運、仕事運を早く、確実に上げたいと願うとき

金蛇水神社は、仙台平野に流れ出す、金蛇沢と称する深い谷の出口に鎮座。水神信仰の霊場で、その水で神意を占ったといわれる御霊池は、小さいながらも、いまだに霊気を漂わせています。

真っ白な鳥居をくぐると、樹齢三〇〇年の大きな藤棚があり、一つの株から九枝に分かれることにより「九龍の藤」と呼ばれるその藤が、五月になると息を飲むほどの美しさで参拝者を出迎えてくれます。**参道を覆うような藤棚をくぐり抜けて歩くのは、他の神社では体験できません。**その光景は、この神社の持つ不思議さを表しているようで高揚感に包まれます。

境内は、つねに掃き清められ、木の葉一枚落ちていません。清浄な、独特の雰囲気が漂います。神職、巫女の方々は大変気持ちのよい方ばかりで、いつも快く迎えてくださいます。ご自分たちが神様を敬い、お護りしているのだという矜持が、境内の清らかさや、参拝者へのていねいなご

橋を渡って正面に見えるのが拝殿です。

対応につながっていることが、よくわかります。

このような神社はそれほど多くなく、出会えたときこそ、真剣に向き合い、お力をお借りできる最大のチャンスです。

こちらの神社は、**訪れるだけでも金運財運、商売繁盛にあやかることができます**が、金蛇水神社ならではの「願いが叶う秘密」があります。信じて大切に扱う方には、最強のサポートとなりますので、ぜひ、神社を訪れてその秘密を手に入れてください。**その秘密は、一年後には必ずお礼参拝をするという条件付き**です。願いが叶っても叶っていなくても、お力をお借りしたことへのお礼参りをしてください。「願いが叶わなくても」と申しましたが、信じて大切に扱っていると、願いが叶うスピードは早く、一年を待たずして聞き届けてくださる例が多いのです。

ある会社役員の方を、その方に適する日時にお連れしました。その方は、神社から賜ったものを大切に名刺入れに入れて毎日、持ち歩いていたところ、参拝の三か月後、それまで思うように進んでいなかった某企業とのコラボ案件の話が、すんなりと確定。また、ある会社社長をお連れしたときも、翌日に「大きな案件の話が舞い込んだ」との連絡を受けました。

私自身のことを言いますと、二冊めの著書の話が持ち上がっては叶わず、時間が経過しておりましたが、こちらの神社を訪れその願いを告げた二ヶ月後に、地元出身の出版社社長を紹介していただけることになり、本書出版の運びとなりました。

上／御霊池。古くは、七色の水が湧いていたと言い伝えがあります。下／蛇紋石です。あれこれと考えずに自分にぴたりと合う蛇石を見つけます。

竹駒神社（たけこまじんじゃ）

●宮城県岩沼市稲荷町一－一
●御祭神：倉稲魂神（ウカノミタマノカミ）、保食神（ウケモチノカミ）、稚産霊神（ワクムスビノカミ）

●●●願いごとを一つ、必ず叶えてくださる

金蛇水神社と合わせてお参りいただきたいのが、同じく宮城県岩沼市に鎮座する竹駒神社です。**二社詣でをすると、金運を上げる効果は断然大きくなります。**

第五四代仁命天皇の御代、承和九年に小野篁《おののたかむら》が陸奥国司に陸奥守として赴任した際に、京都・伏見稲荷より分霊。御霊を小箱に入れて下向する途中、狐が八回鳴く声が聞こえ、怪しんで小箱を開けると、神霊が白狐の姿になり、走り出て消えてしまった。その消えた場所を神域として創建されたと伝えられています。

古来より、五穀豊穣、商売繁盛、産業開発、海上安全などさまざまな信仰を集め、近年では厄除け開運、縁結びの神様としても崇敬を集めていますが、とくに**農業従事者、飲食業、飲食関連**

上／背景の青空に映える拝殿。 下／命婦社には霊狐をお祀りしています。大きなエネルギーを感じさせるエリアです。

の企画やプロデュース業をしている人、ＩＴ業の人、お金の巡りに困りたくない人におすすめです。

願いごとを一つ叶えてくださるので、必ず一つ、願いを持って行きましょう。霊場ですので、真剣に詣でることが大切です。

拝殿の地下には通路があり、消失前の元宮の一部が祀られていますので、素通りせず、手を合わせてください。通路を抜けると、奥宮、命婦社（稲荷大神の神使である霊狐）が鎮座しています。**ここには「気」の溜まりがあり、結界も多く存在し、とても大きなエネルギーを感じます。**

ユニークなデザインの灯篭。神社による違いを見つけるのもご参拝の楽しみ。

ぜひ、階段を上ってお参りください。

社殿の南側には、北野神社、出雲神社、八幡神社、愛宕神社など六つの境内社が鎮座していますので、そちらへの参拝も欠かさぬようにいたしましょう。

秩父神社

（ちちぶじんじゃ）

●埼玉県秩父市番場町一－三
●御祭神：八意思兼命（ヤゴコロオモイノカネノミコト）、
知知夫彦命（チチブヒコノミコト）、
天之御中主神（アメノミナカヌシノカミ）、
秩父宮雍仁親王

神様のサインを受け取る

秩父神社の創建は、崇神天皇の御代に、知知夫国の初代国造《くにのみやつこ》に任命された八意思兼命の十世の子孫、知知夫彦命が、祖神をお祀りしたことに始まるとされ、武蔵国ができる以前より栄えた、知知夫国（のちの、秩父国）の総鎮守として、今に至ります。

『延喜式』にも掲載されるなど、関東でも屈指の古社です。

社殿は徳川家康公が寄進されたもので、江戸時代初期の建築様式を留めているもの。装飾も見事で、本殿の東に「つなぎの龍」、西に「お元気三猿」、南に「子宝子育ての虎」、北に「北進の梟」の4つの彫刻が施されています。「つなぎの龍」は名工・左甚五郎作、「子宝子育ての虎」も彼の手によるものと伝えられています。

大鳥居をくぐり、境内に入ると、はっきりした気を感じます。

ある時、この境内に入った瞬間、大雨と雷に見舞われました。それまで、雨が降る気配などまったくなかったのに。その後、参拝を終えて境内を出て車に乗ると、雨も雷もうそのように止んだのです。雨と雷は、神様のサインだと確信しました。

主祭神の八意思兼命は知恵を司る神様のため、受験シーズンには合格祈願の方が多く訪れます。受験の神様といいますと、菅原道真公をお祀りする湯島天神が有名ですが、秩父神社は入学試験の合格祈願よりも、**国家資格の取得、または国家からの能力認定を受けるために行われる試験**の際に祈願すると、大きな力をお借りすることができます。

また、**本を出版したいと望む人、文筆業の人、セミナー講師など言葉を使うことを職業とする人**は、自分の願いを明らかにし、真剣に神様と向き合うことで、道が開けるでしょう。

秩父神社を訪れる際には、同じく秩父市三峰山に鎮座する**三峯神社**を詣でてください。前著の『「言霊旅」の始め方』でもお勧め神社として取り上げましたが、こちらも参拝のためだけに訪れ

正中と書かれた札が立てられているので、左右から出入りして拝殿に向かいます（撮影：筆者）。

てほしい神社です。

三峰山は、修験者の祖である役小角《えんのおづね》が、伊豆から三峰山に往来して修行を始めたことから、霊場となりました。こちらは**霊場としてのエネルギーがとても強く、共鳴できると非常に強いサポートが得られる場所。**

自分の足でしっかり立つ力を与えてくださいます。自分の進む道に迷いが生じないように願うとき、間違いないと確信したいとき、訪れるとよいのです。

この二社を合わせて参拝すると、相乗効果で神様からより濃い言霊を受け取ることができ、いっそう願いが叶いやすくなります。

上／「つなぎの龍」、名工、左甚五郎の作。下／唐門の下には創建二一〇〇年を祝う酒樽が(撮影：筆者)。

愛宕神社（あたごじんじゃ）

●東京都港区愛宕一丁目五－三
●御祭神：火産霊命（ホムスビノミコト）、罔象女命（ミズハメノミコト）、大山祇命（オオヤマヅミノミコト）、日本武尊（ヤマトタケルノミコト）、勝軍地蔵尊、普賢大菩薩

●●●自分のステージを一段、上げたいときに

愛宕神社は、東京二三区内の自然系の山でいちばん高い愛宕山（標高二五・七メートル）山頂に鎮座しています。

山頂までの長い階段は「出世の石段」と呼ばれ、途中で止まったり振り向いたりせず、**一気に駆け上がると出世する**と言われていますが、参拝した後、その**石段を一気に駆け下りてはいけないこと**は、第三章でお伝えした通りです。

拝殿で手を合わせたら、境内をゆっくり巡り、石段の上に立って景色を眺めます。その後、拝殿を背にして石段の左にあるゆるやかな階段を、**自分の願いが叶うことをイメージしながら**降りましょう。降りきったら、鳥居の前で一礼することを忘れずに。

防火防災、印刷やコンピューター関係、商売繁盛にご加護があるなど、ビジネス運アップをサポートしてくださることで有名ですが、**一般的な職種よりも、国に仕えるような仕事であったり、弁護士や裁判官、自分で起業した人、企業にお勤めなら役員クラスの人で、出世を願うとき**に参拝をおすすめします。

ただし、**自分の欲のために出世を願うのではなく、邪心を捨てること。**「世の中のためになる力を得たい」と祈り、「得た権力は使い方を間違えない」ことを誓いましょう。そうして初めて、お力が与えられるのです。

末社の太郎坊社は、人生の導きの神様である猿田彦神をお祀りしているので、必ず参拝を。並んで鎮座する福寿稲荷社、大黒天社もお金の巡りをよくしてくださる＝ビジネスを成功に導いてくださいます。忘れずに手を合わせましょう。

あるＩＴ系の会社にお勤めの方は、それまでの参拝方法に、少しこのようなことを心がけただけでみるみると変わっていきました。**その通りに参拝を続けていたところ、営業成績がエリアトップに。**出世を強く願って会社に固執していらしたのですが、その気持ちが抜けて独立し、今では複数の会社の顧問を担うまでになっています。

上／大鳥居から出世の石段を臨む。 下／丹塗りの門と拝殿。六月のほおずき市のときは、茅の輪が設置され、くぐると千日分のご加護がある。

北口本宮冨士浅間神社（きたぐちほんぐうふじせんげんじんじゃ）

●山梨県富士吉田市上吉田五五五八
●御祭神：木花開耶姫命
（コノハナサクヤヒメノミコト）、
彦火瓊瓊杵尊
（ヒコホノニニギノミコト）、
大山祇神
（オオヤマヅミノカミ）

向上心、志の高い人をバックアップしてくれる

北口本宮冨士浅間神社は、一九〇〇年以上の歴史があり、日本武尊が東方に遠征した折にこの地（大塚丘）で富士山の神霊を遥拝し、「北方に美しく広がる裾野をもつ富士は、この地より拝すべし」と仰せになり、祠を建てて浅間大神と日本武尊をお祀りしたのが始まりと伝えられています。二〇一三年、富士山世界遺産構成資産の一つとして登録されました。

車の往来が多い道路に面しているとは思えないほど、**鳥居をくぐると気の流れが一変します。**

それはまるで「神様に見られている」かのようで、一歩一歩、歩く度に本殿の方へと引き寄せら

上／樹齢一〇〇〇年、御神木の夫婦杉は天然記念物に指定されています。 下／重要文化財指定の拝殿及び幣殿、本殿。

れる感覚になります。参道の両側にたくさんの石灯籠が立ち並ぶ光景に圧倒されながらも、地面から気が放たれておりますので、おしゃべりをせず、ゆっくりと気を吸収するように歩いてください。

拝殿と諏訪神社拝殿の間の気の流れがとくに強く、地面から気が湧き出ているような感覚を覚えます。**諏訪神社の拝殿では、神様がはっきりとサインを見せてくださいます。**

クライアントとご一緒したときのことです。拝殿で、その方が願いを唱えお祈りしたところ、突然、拝殿のほうから風がふわーっと吹いてきました。風が吹いてきたというよりも、目を閉じていた顔にフッと息をかけられた感覚です。隣に並んでいたクライアントと私は、同時に目を開け、顔を向き合いました。

「神様がいらした！」

高揚しゾクゾクとした感覚は、今でも鮮明に思い出しますし、忘れることはありません。その日から間もなく、クライアントの願いは叶いました。一陣の風、ひと吹きの息、何れにしても**神様のサインを感じた瞬間**でした。

向上心のある人、自分の力で経済力を高めたい人、書く仕事をしている人、いずれ本を出した

上／日本武尊が東征の折に大塚丘にお立ちになり、富士山の神霊を遥拝した。 下／日本武尊をお祀りしている お社。

いというよりも出版がおおよそ決まっている人にご加護があります。
出版が決まっている方の祈願にご一緒し、参拝方法を伝授いたしました。すると、その方のセミナーに新規申し込みが多数あり、それは、出版広告にかけた費用を約一か月で賄うことができたほどです。また、ある若手ミュージシャンの方は、こちらでご祈願した後、音楽教室を始め、現在に至るまで年々、生徒数が増え続けています。

境内には、諏訪神社のほか恵比寿社、神武天皇社、祖霊社、日之御子社……と多くの摂社、末社がありますから、ゆっくり巡りながら手を合わせましょう。

そして、こちらでのお詣りをより実りあるものにするために、忘れてはならない場所がありま す。拝殿の右奥に登山口への入り口となる鳥居があります。その鳥居を出て、道路を少し歩きますと**日本武尊が降り立ったと伝えられる大塚丘**があるのです。ここは、北口本宮浅間神社の元宮と言われ、一見すると寂れた鳥居と小さなお社がポツンとあるだけなので見落としがちな場所なのです。北口本宮浅間神社参拝に訪れて、大塚丘も参拝する方は少ないのではないでしょうか。しかしながら、こちらは今でも霊験強く、お社の隣のご神木にもオーラが映り、ビリビリとかすかな電気を帯びているのが分かります。本殿参拝を終えた後は、ぜひこちらへも足を運んでください。

三嶋大社（みしまたいしゃ）

●静岡県三島市大宮町二－一－五
●御祭神：大山祇命（オオヤマヅミノミコト）、
積羽八重事代主神（ツミハヤエコトシロヌシノカミ）

三嶋大社境内に入ってすぐの神池から厳島神社をみた光景です（撮影：筆者）。

人生のステージをさらに上げたいときに

三嶋大社は、山林農産の守護神である大山祇命と、恵比寿様とも称される事代主神の二柱を総じて、三島大明神と称しています。伊豆国の一の宮として多くの人々の信仰を集め、源頼朝が挙兵に際して祈願し、戦に勝利したことでも有名です。

大鳥居は道路に面していて、桜並木の参道を通り拝殿に向かいます。鳥居をくぐってすぐの左手に、源頼朝が放生会《ほうじょうえ》を行ったと伝えられる神池があり、厳島神社が鎮座しています。御本殿へ向かう前に参拝してもよいでしょう。春の桜の季節は、たいへん美しい光景がこの辺りに広がります。

また、総門の手前を少し左に入りますと祓所神社があります。**祓所神社は、穢れを祓うことを引き受ける神社**ですから、こちらを先にお参りしてから御本殿へ向かってください。

総門をくぐると目の前には、大きな舞殿があります。舞殿が、本殿の目の前にある神社は、そう多くはありませんが、鎌倉の鶴岡八幡宮も同じく舞殿が本殿前にあります。本殿は神様が坐るところで、直接のお目通しは失礼になるため拝殿があります。このような舞殿は、その拝殿と同じ役割をしているのでしょう。総けやき素木造りの三嶋大社の本殿は、慶応2年に竣工された国指定重要文化に指定されています。

舞殿と本殿の間の気の流れは強いです。とくに本殿脇に鎮座する若宮神社付近のエネルギーは高く、あるクライアントと私はそれぞれ別の日時に、この場所に白い光の柱が立つのを、はっきりと目にしています。私が「光の柱を見た」とお話しすると、その方が「実は私も先日、光の柱のようなものを見たのです。あれは、本当だったんですね！」とおっしゃいました。

三嶋大社では、運気が衰えないように見守ってくださる気が巡っていて、樹齢一二〇〇年と推定される金木犀は毎年九月から一〇月にかけて二度、満開の花をつけ、甘く芳しい香りがこの神社の気の巡りをさらによいものにしているように感じます。**信頼して身を寄せると、人生のステージをぐーっと押し上げてくださります。今、見えている世界を一ランク上げてくれるような神**

朝のお祈りのとき、拝殿に神職の方、巫女が揃っていた光景（撮影：筆者）。

社です。

会社の繁栄を願う人、大きな企画をつくって成功したい人、森や林、土地を管理している人、会社の管理者や責任者、旅行業に携わる人は、お詣りになってみてはいかがでしょう。

三嶋大社は、地元に根づく企業が参拝を欠かさない神社です。私のクライアントもその中の一社ですが、例祭に参加したり、ご奉仕するなど、神社との関わりを深めることで、事故なく、怪我なく、病気なく活躍し、業績を伸ばしています。

なお、参拝後は境内の「福太郎茶屋」でひと休み。**縁起餅の「福太郎」**をいただきましょう。こしあんでくるんだ草餅は、**邪気を祓い、生きる力を与えてくれます。**ぜひ、ご神徳をいただいてください。

皆神神社（みなかみじんじゃ）

●長野県長野市松代町豊栄五四六四－二
●御祭神：出速雄命（イズハヤオノミコト）、伊弉諾命（イザナギノミコト）、伊耶那美命（イザナミノミコト）

●●●生きる力を強め、勇気を備えたいなら

人工的なドーム型をしていることから、ピラミッド伝説もある皆神山。その頂上に、皆神神社は鎮座しています。

皆神山は、一九六五年から六年間に及ぶ、不可思議な松代群発地震の震源地であり、**地震のときに見られる発光現象や地底マグマの溜まりがある**などパワー溢れる謂《いわ》れが満載です。その独特な謂れの通りに、頂上に鎮座しているお社境内は、表現できない世界観が広がっています。足元から突き上げてくるようなエネルギーを感じる貴重な場所であると言えるでしょう。

奈良時代、出速雄神社を奉祀と伝えられますが、中世以降は修験道が盛んになり、熊野権現を勧請、大日如来、阿弥陀如来、弥勒菩薩の三仏を安置して、熊野三社大権現と称しました。それゆえ、境内には土地と修験者、両方のパワーがみなぎっています。

上／ひっそりと鎮座する熊野出速雄神社の本殿。 下／一の鳥居をくぐったとたんに、足元から突き上げてくるようなエネルギーを感じます。

UFOが出現したとの説もあり、台座に六芒星が刻まれている天地ガゴメ之宮も鎮座していることから、SFやオカルトに惹かれる人たちが多く集まりますが、**興味本位や冷やかしではなく、訪れるなら真剣にお詣りしたほうがよい**場所です。

拝殿には、来る者拒まず、遠方より来る者を心待ちにしている気がありますので、きちんと向き合えば、言霊を与えてくださいます。**見えない世界のメッセージがあり、お導きがあることを体感**できる神社です。

厄除け、招福のご加護がありますが、何かを祈願するというよりも、**自分は何者か、存在意識は何かを考えたい、五感を高めたい**、といったときにお詣りするとよいでしょう。また、**見えない世界の者たちを感じたい人**も訪ねてみるとよいでしょう。

皆神神社参拝の際は、ぜひ同じ長野市の戸隠山の麓に鎮座する**戸隠神社**をお詣りください。奥社、中社、宝光社、九頭龍社、火之御子社の五社からなる、創建二〇〇〇年余の歴史を刻む神社です。平安時代末は修験道の道場としての霊場でした。

神代《かみよ》の時代、天照大御神を天岩戸から復活させる神事に由来する神社で、五社それぞれに、天岩戸開きの時に貢献のあった神々、天手力雄神《アメノタヂカラオノカミ》、天八意思兼命《アメノヤゴコロオモイカネノミコト》、天表春命《あめのうわはるのみこと》、九頭龍大神《くずりゅうのおおかみ》、天鈿《アメノウズ》

上／ピラミッド山といわれる綺麗な円錐形の皆神山。 下／天地カゴメ之宮の台座には六芒星が刻まれている。

女命《メノミコト》をお祀りしています。

天手力雄神は、天岩戸の扉を剛力で開けた神様で、無双の神力で扉を開けただけでなく岩戸から覗いた天照大御神の手を引っ張り、力を込めて岩戸から引き出しました。さらに、再度お隠れにならないようにと、扉を天上界から地上へと放り投げたのです。その岩戸が、今の戸隠山になったと伝えられています。

奥社まで足を運び、ご参拝することで、「戸隠神社は、奥社詣でをしてこそ」とその神意を感じとることでしょう。約二キロメートルと長い参道の中程に萱葺の赤い随神門があり、その先は天然記念物にも指定されている、樹齢四〇〇年を超える杉並木が続いています。

修験道の霊場は、解毒作用も強い場所です。再生力も強く、物事を成し遂げたい、自分の軸をぶれないものにしたい、と願う人には、とてもよい力を与えてくれます。

皆神神社で賜った力との相乗効果で、邪気は祓われ、勇気を備えることができ、心身に力強さが湧き上がってくることを感じられるでしょう。

彌彦神社（やひこじんじゃ）

●新潟県西蒲原郡弥彦村弥彦二八八七－二
●御祭神：天香山命（アメノカグヤマノミコト）

●●● 公私ともに、最強の縁を結んでくださる

彌彦神社は越後国の一の宮。万葉の昔から、「おやひこさま」と人々の崇敬を集め、皇室、時の幕府、武将からも手厚く庇護されました。

ご神体である雄大な弥彦山はもとより、周囲の山々も力強い。その地形ゆえに**気が注がれ、強いエネルギーを感じる場所**です。

強い縁結びのご加護があり、公私ともにたしかなパートナーシップを得られたり、物事を成し遂げようという気合が入ります。**起業したい、開発に携わる仕事で成功を収めたい、倉を持つ（お金の貯蔵、人の貯蔵、情報の貯蔵）必要のある人、国レベルの公の仕事を請け負いたいと願う人**は、ぜひお参りください。

私のクライアントで建設業を営む方も、彌彦神社に参拝するようになってから、高速道路や空

港などの案件が途絶えることなく、会社は成長を続けています。

弥彦山を背にした社殿は堂々たる美しさで、訪れるたびに見惚れてしまうほど。御本殿以下、諸社殿は明治末の消失後、五年の歳月をかけて大正五（一九一五）年に再建されたものです。

一の鳥居は、「両部鳥居」と呼ばれるもので、中央の親柱は地面から六センチほど浮いており、両脇の稚児柱で支えられています。一の鳥居をくぐり、参道を歩きながら、左側にある朱赤の神橋を目にすることでしょう。この橋は玉の橋と呼ばれ、神様だけがお通りなる橋です。明治末の社殿焼失前には、拝殿の前にかかっていたそうです。この橋を渡る神様の姿を想像しながら拝殿に向かうのも楽しいものです。彌彦神社は、創建二四〇〇年の歴史を持つ越後一宮。参拝は**「二礼四拍手一礼」**です。

一国を造ったといわれる神様がいらっしゃる神社（一宮）は、摂社、末社が多く、彌彦神社にも、摂社が武呉神社、船山神社、草薙神社、今山神社、勝神社、乙子神社、妻戸神社、桜井神社の八社、末社は祓戸神社、湯神社、上諏訪神社・下諏訪神社、住吉神社、火宮神社、二十二所神社、八所神社、十柱神社、の九社があります。そのすべてをお参りするようにいたしましょう。

上／弥彦山の山頂にある奥宮の御神廟。 下／弥彦山を背景にした壮麗な拝殿。

なかでも天戸国命《アメノトクニノミコト》をご祭神に祀る**摂社・草薙神社は、仕事の勝運を上げてくださいます。事業を興したい、広げたい、出世したいと願う方**は心してお参りしてください。境内には、万葉集にも歌われた鹿園あり、天然記念物の「蜀鶏」がいる日本鶏舎ありで、すべての神様にお参りした後は、納得のゆくまで境内を巡り、豊かな時間を過ごしてください。

摂社と末社。本文に書いた草薙神社もこの中にある。

体力がある方は、**弥彦山頂上の奥宮までご参拝すること**をお勧めしております。神山である弥彦山の頂上に近づくほど、神様に近づき、ご神意を受けやすくなります。標高六三四メートルとさほど高い山ではありませんが、新潟県の中で一日の始まりの太陽エネルギーをいちばん最初に浴びる場所です。奥宮参拝を終え、眼下に見える日本海を望む山々をご覧になると、未来永劫この地に疫病などの災いなく、豊かであるようにお護りくださっていることを感じることでし

白山比咩神社

（しらやまひめじんじゃ）

●石川県白山市三宮町二105-1
●御祭神：菊理媛神（ククリヒメノカミ）、
伊弉諾尊（イザナギノミコト）、
伊弉冉尊（イザナミノミコト）

自分の可能性を見つけたいと願うなら

奈良時代初期、養老元年（七一七年）に泰澄《たいちょう》という修験者が、ある日の夢で虚空から表れた女性に「白山に来たれ」と呼ばれ、お告げを信じた泰澄は、それまで誰も成し遂げられなかった白山登頂を決意し、幾多の困難の末、登頂。翌年山頂に奥宮を建立しました。白山開山を果たした泰澄大師は、病を祈禱で治したり、天然痘を鎮めるなどの活躍をされたといいます。

泰澄が修行を行っていたあるとき、緑壁池から十一面観音の垂迹《すいじゃく》（仮の姿）である九頭龍王が現れ、自らを伊弉冉尊の化身であり、白山明神と名乗りました。それが、白山修験場の由来となり、今に伝わる白山信仰となっています。

古来より雪を頂き、光を浴びて輝く姿に、人々は、白山そのものがご神体であり、「白き神々の座」と信じ、崇めてきました。

神仏習合の頃は、白山大権現、十一面観音菩薩をご祭神としてお祀りしていましたが、神仏分離後は、白山比咩神、伊弉諾尊、伊弉冉尊をお祀りしています。


白山比咩神社には、表参道、北参道、南参道と三か所の参道がありますが、**一の鳥居の表参道より参拝するのがお勧め**です。

石造りの一の鳥居は、昭和一一（一九三六）年に建立されたもので意外すぎるほど新しく、実は長い間、一の鳥居はありませんでした。なぜ、長らく鳥居がなかったのは、白山七不思議の一つで、今も謎のままです。

樹齢何百年もの杉が連なる参道を歩くと、手取川へ注ぐ琵琶滝の水しぶきが、心身を清めます。

神門をくぐると、すぐ右側に、奥宮遙拝所が鎮座します。奥宮まで参拝に行くのは容易ではありませんので、こちらで奥宮参拝をいたしましょう。離れた場所であっても、遥拝する御心が大切です。

社殿側から写した二の鳥居。右側にあるのが手水場です。老杉並木が続く参道は、たいへん気持ちがよく、二〇二一年は、特にこのような場所を訪れることで英気が漲ります。

白山比咩とは菊理媛神のことですから、ご縁結びの神様として崇められられています。「ご縁結びのしらやまさん」として女性に大人気ですが、好きな人と結ばれたいという優しいエネルギーというより、もっと強く、**生きることを考えたり、生命に関わるようなエネルギーのほうが濃い場所です。この世に生まれてきた意味であったり、自分を変えてみたい、自分の可能性を見つけたい、というような願い**で訪れるほうが、しっくりきます。

また、**仕事につながる人脈を作りたい、人脈をもっと広げたいと願っている人**にも、参拝をおすすめします。

金沢への言霊旅でこちらの神社を訪れた際の、ご一緒した方々の後日談です。

ある方は、良いご縁結びを求めて、友人とあちらこちらの神社に参拝に行ったり、頻繁に出会いの場に参加してきたそうです。人と出会うのは楽しいし、出会った人からいろいろ吸収して成長できているとは感じながらも、本当にこれって自分が求めていることなのかな？　と迷うこともあったそうです。こちらの参拝のときは、その方よりもかなり年配の方々が、みんな真剣に神様に向き合っている姿に影響されて、ご自宅に戻ってから、憑きものが取れたように身軽な気持ちになったとお話ししてくれました。それからは、友人関係も変わり、仕事も変わり、家族関係までよい方向に変わったそうです。

奥宮遥拝所です。白山の奥宮参拝は、難しいのでこちらで手を合わせます。大岩は、大汝峰、御前峰、別山の「白山三山」の形を表しています。

また、白山比咩神社参拝に出向く朝から変化が訪れていた方は、遠方から吉報が入ったとよろこんで、神様にご挨拶ならぬ、早々のお礼を伝えておりました。

退職後のセカンドステップとして、次の活躍の場を祈願していた方は、戻られてからすぐ知人の紹介を受けて仕事が決まりました。


菊理媛神が縁結びの神様と言われるのは、伊弉諾尊と伊弉冉尊が、あの世とこの世の境目でもめているときの仲介役であったからですが、あの世の言葉とこの世の言葉を仲介するのは、イタコの先祖神のようなもの。今でいう、ミディアム（媒体）です。

ですから、縁結びをお祈りするにも、ただ、彼や彼女と仲良くなれますようにと願うより、もっとはっきりと具体的におうかがいしてみると、相手を見極める力を与えてくださいます。


こちらを訪れる際は、白山比咩古宮にも足を運んでみてはいかがでしょうか。

白山に源を発する手取川の川岸に一四八〇年まで社殿が鎮座していて、現在は、手取川扇状地を潤す用水の水門を護る、水戸明神が鎮座しています。

そして、水といえば、北参道手水場の横に、遠方より汲みに来るほどご加護がある、**延命長寿**

の霊水が湧き出ています。訪れた際には、ぜひ持ち帰り、入浴の際に湯船に入れるとお清めになります。

上／拝殿に前に張られた注連縄、荘厳さを感じさせる。下／歴史の重さを感じさせる手水場。

雄山神社（おやまじんじゃ）

●富山県中新川郡立山町
●御祭神：伊邪那岐神（イザナギノカミ）、立山大権現雄山神＝阿弥陀如来、天手力雄神（アメノタヂカラオノカミ）

●●●困難を乗り越え、道を開く力を得たいなら

富士山、白山と合わせ日本三霊山として信仰されている立山。かつては女人禁制の地でした。その立山を神の山として奉斎する雄山神社は、越中国（富山）の一の宮。立山頂上に鎮座する「峰本社」、立山の前に立つお社なので「前立」と付いている岩峅寺《いわくらじ》境内に鎮座する「前立社壇」、樹齢五〇〇年の杉並木に囲まれた芦峅寺《あしくらじ》境内に鎮座する「中宮祈願殿」の三社殿を合わせて成り立っています。

峰本社は、立山登頂期間が夏の間の数か月ということもあり、参拝が難しいのですが、前立遮断、祈願殿のどちらをお参りしても、同じご加護を受け取ることができます。私は、こちらの神社を訪れるときは、前立社壇では、ご挨拶を。その後、祈願殿へ足を運び、ゆっくりとお詣りしています。

上／中宮祈願殿の境内に架かる橋を渡って、右に行くと立山若宮、左の一番奥が立山大宮です。 下／中宮祈願殿の拝殿（撮影：筆者）。

そこは、神仏習合の時代のまま。立山修験の場であった気の流れを今でも感じ取ることができる場所です。立山は、万葉集の中で「すめ神の領き坐す」山と詠まれていますが、まさに立山の神様がこの場所にもいらっしゃる、そう感じることができます。

鳥居をくぐり、橋を渡ると左右に参道が分かれます。左右に分かれたその奥には、「立山大宮」「立山若宮」があり、その二社をつなぐような位置に拝殿がありますので、どちらのお社を先に参拝するか迷うかもしれません。私は拝殿の参拝を終えてから「立山大宮」、「立山若宮」の順にお参りをしています。

祈願するときは、安易な気持ちでは圧倒されます。真剣にお祈りし、神様としっかり向き合うようにいたしましょう。滞っていたことがスムーズに運ぶようになったり、**困難にあってもそれを乗り越える力を授かる**ことを実感できます。縁結びのご加護もありますので、強く願うときは、拝殿の中に入り、灯明を灯し、経を唱えるとよいでしょう。

こちらの神社には、そうした時間を持てる準備をして参拝に訪れてください。きっと困難や障害を乗り越える力を授かることができるでしょう。

上／前立社壇の一の鳥居。 下／静謐な前立社壇の境内（撮影：筆者）

伊勢神宮（いせじんぐう）

……内宮●三重県伊勢市宇治館町一、外宮●三重県伊勢市豊川町二七九
●御祭神：内宮（皇大神宮）＝天照大御神（アマテラスオオミカミ）、
外宮（豊受大神宮）＝豊受大御神（トヨウケノオオミカミ）

●●●日本人の総氏神 二〇二一年こそ、ぜひお参りを

伊勢神宮は、天照大御神をお祀りする内宮（皇大神宮）と、豊受大御神をお祀りすると外宮（豊受大神宮）の両宮、一四の別宮、一〇九の摂社、所管社を合わせた一二五社の総称で、正式名称は「神宮」です。

全国にはほかにも、北海道神宮、熱田神宮、鹿児島神宮などがありますが、「神宮」と読んでよいのは伊勢の神宮のみです。

内宮の御祭神である天照大御神は、万物を育む太陽にたとえられ、あらゆる神様の中でも最高位の神様であり、日本国民の氏神様です。神社本庁も神宮を本宗（全国の神社の総親神）と仰ぐ、ゴッド・オブ・神社です。

昔から「人生に一度のお伊勢参り」と伊勢詣に行くことが一生ものと考えられていたように、

内宮の写真は、階段下からの撮影となります。白い布の御幌の内が御正宮。その内での参拝が、御垣内参拝であり正式参拝となります。

今に生きる私たちも、ほかの神社参拝ばかりに気を取られず、神宮を参拝することを忘れてはならないでしょう。

神様のお使いは、神使と呼ばれていて、神様によって違います。天照御大神の神使は、鶏なので神宮では、放し飼いの鶏をよく見かけます。毎年初めの干支をお守りにしても良いですし、この**神様のお力をお借りしたいとその神様の神使をお守りにしている**方もいらっしゃいます。

二〇二一年は、いつもより少し見方を変えて、神馬をお祀りしている神社へ足を運んで、馬を拝んでみてはいかがでしょうか。馬をお祀りしている神社は、それほど多くありませんが、神宮のほか、栃木の日光東照宮、京都の上賀茂神社、石清水八幡宮、奈良の丹生上川神社下社にもお祀りされております。

神宮では、皇室から奉納された神馬が、外宮、内宮両宮に二頭ずつおり、以前、参拝で訪れた際に幸運にも、神馬が外宮の正宮へ参拝する「神馬牽参《しんめけんざん》」を拝見いたしました。菊の御紋が入った馬衣を身に付けて、威風堂々と歩く姿に地元の方々が、「お馬さま」と呼んでいたのが印象的でした。後にうかがいましたら**毎月一日、一一日、二一日、朝八時前後に両宮とも同時刻に神馬牽参がある**とのこと。

二〇二一年、神宮へのお参りをお考えの方は、神馬牽参をご予定に入れることをお勧めいたします。

神宮は、内宮のみ参拝される方も多くいらっしゃいますが、ぜひ、時間の余裕を持って外宮、そして別宮などにもお参りすることを、強くお勧めいたします。

また、**人生の導きのヒントを得たい、物の見方を変えたいと望んで伊勢の地を訪れるなら、外宮、内宮へのお参りの前に、神宮の別宮ではありませんが、お導きの神様である猿田彦神社の参拝をおすすめいたします。**猿田彦神は、今の自分が進んでいる道が正しいか、それとも一度休憩したほうがよいのか、自分に問いかける勇気をくださいます。

神宮のお詣りは、まずは外宮から。外宮の正式名称は豊受大神宮であり、豊受大御神は、天照大御神にお食事を差し上げる御饌都神《みけつのかみ》。食ばかりか衣服、住まい、産業までも司る神様です。ご鎮座されてから約一五〇〇年、一日二回、毎日朝夕に天照大御神、別宮の神々にお食事をお供えしています。

正宮の参拝を終えたら、別宮を巡りましょう。正宮の手前に御池があり、その前にしめ縄で囲

内宮の宇治橋の写真。神々しく素晴らしい気を感じ取れます。神宮を象徴する光景。

手前の小さなお社の下に心御柱があるとされています。神宮の遷宮は、現在ある場所の隣に次の遷宮をいたしますが、それは、古殿地とも新御敷地とも呼ばれる場所でエネルギーが残る場所になります。ご参拝のときに、この場所の目の前で佇んで英気をいただいたり、手を合わせるとよいでしょう。

われている三つの石を重ねた石積みがあります。三ツ石と呼ばれるもので、式年遷宮のお祀りや、川原大祓の際の祭場となる場所。**祭場となる場所だけに、気の流れが違う**のを感じます。

外宮の別宮は、土宮、風宮、多賀宮、そして、別宮ではありませんが、上御井神社と下御井神社があります。まずは、豊受大御神の荒御魂をお祀りしている多賀宮から、そして風邪宮、土宮、下御井神社、上御井神社とお参りします。

外宮の宮城外にも、別宮が一社あります。月夜見尊《ツキヨミノミコト》を御祭神とする、月夜見宮です。月という字が入ることからもわかるように、月夜見命は月の満ち欠けを数え、暦を読み取る神様です。なお、同じ社殿に月夜見宮荒魂もお祀りしています。

外宮の参拝を終えたら、いよいよ内宮参拝です。御祭神の天照大御神は、もともと宮中にお祀りされていましたが、今から約二〇〇〇年前、新たな御鎮座場所を求め日本各地を巡り、五十鈴《いすず》川の川上で理想の永遠の宮中として、この場所に御鎮座されました。

五十鈴川にかかる宇治橋を渡り、表参道を進みます。手水場で清めてから一の鳥居をくぐると、右手に五十鈴川の御手洗場があります。古来より、**五十鈴川の水で清めるのが本来の作法**ですので、石畳を降り、手を浸してみましょう。

数年前に訪れたとき、五十鈴川を写真に収めようとカメラを向けると、川面の下から上に、水柱が立ちました。**上から光が注ぐのではなく、下から上へ、水の柱がくるくると回るように立ち上がった**のです。写真と動画の両方で撮影し、後で確かめると、どちらにも水の柱が写っていて、あまりの神々しさに頭がぽっと上気するような体感をいたしました。

その後も、五十鈴川に面して写真を撮ると、頭上に、神様のサインの色で示す光を冠のように与えてくださるなど、**表現するのがむずかしいくらいエネルギーの高い場所**です。

五十鈴川での清めを終えたら、水の守り神の滝祭神を参拝し、二の鳥居をくぐってから正宮へ向かいます。

三波石を用いた三〇段ほどの石段を登り、外玉垣南御門を一礼してご参拝となります。一般参拝は、こちらまでです。

外宮でも同じですが、**神宮参拝の際は、個人の願いごとは控えて、日々の感謝をお伝えしてください。**おみくじがないのもこれと通ずることで、個人の願いを伝える神社ではないからです。どのような境遇であっても、神宮参拝に訪れることができることに、感謝いたしましょう。

一般参拝のほかに、**御垣内に入って参拝**することもできます。特別参拝、正式参拝、御垣内参拝といくつか言い方はありますが、内宮・外宮ともにお申し込みをして、「参宮章」という資格を持つことで、外玉垣南御門から中に入り、御正殿を参拝することができます。

私は毎年、御垣内参拝をしていますが、**御垣内に入ると、たった一枚の御幌を隔てただけとは思えないほど、空気感が違います。**入る前に神職の方から注意事項を受け、お清めをしていただきますが、玉砂利を一歩一歩進むたびに「この一歩を忘れない」と、神妙な気持ちになります。**神宮参拝は御垣内参拝を経験してこそ、**と言える経験ですので、おすすめします。ただし、服装には十分注意が必要です。御垣内参拝をする際は、男女とも正装です。第3章の〈服装〉の項をご参考にご準備なさってください。


正宮参拝の後は、別宮の**荒祭宮**《あらまつりのみや》へ。周囲に杉の巨木や木々が立ち並んでいるので、ひときわ空気感が違っていて、ふっと体の力が緩むように、穏やかになります。荒御魂は「動」の性質なので「パワーを得る」というほうがふさわしいのですが、頑張る！というよりも、心がどこか安定します。

なお、荒祭宮に向かう手前に、お米の神様の稲魂をお祀りする、**御稲御倉**《みしねのみくら》がありますので、欠かさず拝見してください。

荒祭宮の後は、別宮の**風日祈宮**《かざひのみのみや》をお参りしましょう。こちらの御祭神は、風を司る神様である級長津彦命《しなつひこのみこと》、級長戸辺命《しなとべのみこと》です。朝早い時間に訪れると、清々しさが体内を通り、浄化されていくのがわかります。

内宮の別宮は一〇宮あり、そのうち**月読宮《つきよみのみや》、倭姫宮《やまとひめのみや》、伊雑宮《いざわのみや》、瀧原宮《たきはらのみや》の四宮は宮城外**にあります。すべてお参りしていただきたいのですが、第二章で私の体験をご紹介した、**瀧原宮**はぜひ一度、訪ねてみてください。心身ともにニュートラルな状態を保つ力を与えられ、神様からより濃い言霊を賜ることができるでしょう。

竹生島神社《ちくぶじまじんじゃ》

●滋賀県長浜市早崎町一六六五
●御祭神：市杵島比売命（イチキシマヒメノミコト）、宇賀福神、龍神、浅井比売命（アザイヒメノミコト）

●●●現実的な願いを叶える力を与えてくれる

滋賀県の約六割を占め日本最大の面積の湖である琵琶湖にぽっかりと浮かんでいる竹生島。「神を斎くしむ島」の名が竹生島になった、島全体が聖域という祈りの島です。

竹生島宝厳寺と竹生島神社が一緒に鎮座している今でも神仏習合の場所です。

宝厳寺の成り立ちは珍しく、聖武天皇の夢枕に立った天照大御神の、弁財天の聖地に寺院を建立せよとのお告げにより建立されました。島の港から祈りの石段を上がってすぐの場所に本堂があり、その本堂、本殿、唐門といずれも国宝に指定されています。また、反対側の高みに鎮座している竹生島神社の社殿は、約四五〇年前に豊臣秀吉が寄進した伏見桃山城の東力使殿を移転したものです。

竹生島を訪れるには船で渡りますが、その船内では、錫杖を持って日本三代弁財天四国札所三

上／竹生島神社の御本殿。中／需要文化財である舟渡廊下は桃山時代のもの。中はつながっていて現在でも、実際に通ることができます。 下／竹生島宝巌寺の本堂（撮影：筆者）。

十番の宝厳寺へお参りにいく方を数多く見かけます。

神仏習合の聖域は、そこかしこに結界があり、不思議な気に満ちています。スピリチュアル好きな人やヒーラー、霊能者の方は、一度は訪れる聖地ですが、それだけにこちらへのお詣りは、真剣さを伴わないと気負けすることがあります。パワースポットだと思って訪れて、ものすごく元気になるときもあれば、帰る途中から眠気がまして、脱力するときもあります。この場所は、そのいずれかが極端に現れる場所となるかもしれません。それでも、このような場所を一度は訪れて、その気の巡りを体験してください。

神社参りは、一の鳥居からくぐり、聖域に近づくことをお勧めしていますが、宝厳寺の唐門、観音堂から舟廊下を通って竹生島神社へお詣りするのもよいでしょう。重要文化財の舟廊下は、豊臣秀吉の御座船の船櫓を利用して造られており、一見の価値ありです。

竹生島神社には、琵琶湖に感謝と恩恵を表すご神事があり、六月には、生あるものを慈しむため、稚魚を湖に戻すご神事。八月には、水への感謝と願いを込めて、二〇〇枚の神札を琵琶湖にお鎮めするご神事です。より強いご加護を望むときは、このようなご神事に参加するのもよいでしょう。

本殿で参拝を終えたら八大龍王拝所を参拝してください。そこで、かわらけ投げをしてみましょう。

島全体が聖域でパワーがあり、神拝所を過ぎ港へ戻る道すがらの参道にも黒龍堂が鎮座しています。赤い鳥居の小さなお社で黒龍大神、黒龍姫大神をお祀りしており、**龍神さまが湖から登ってくるといわれるご神木の気を感じてみてください。**

さらに、竹生島の気を吸収したいと望むときは、本殿の裏手側にも鳥居がありますのでそちらにもお詣りをしてみてください。常行殿を少し過ぎると、朱赤の鳥居と石鳥居を目にします。六月のご神事の稚魚がいる斎庭《ゆにわ》です。ここまではほとんどの方は訪れません。鳥居の先の琵琶湖を眺めると、抱えている悩みをとても小さく感じ、すぐに解決する気がしてきます。こちらを訪れる際には、願いのスケールを大きくすることです。たとえば個人経営の方なら法人化や多店舗展開を、法人経営者の方なら上場を目指すなど、自分の願いをより現実的に、そして明確にして参拝しましょう。

旅行関係の仕事に携わっている方は、一度は訪れるとよいでしょう。

島全体が、神仏習合の寺社という貴重な場所（撮影：筆者）。

車折神社（くるまざきじんじゃ）

●京都府京都市右京区嵯峨朝日町二三番地
●御祭神：清原頼業公（きよはらよりなり）

●●●「約束を違えないこと」を守ってくれる

御祭神の清原頼業公は、平安時代後期の儒学者で、二四年間、大外記（太政官の職の一つ）を務め、晩年には関白を務めた九条兼実から政治の諮問に預かり、兼実から「その才、神というべく尊ぶべし」と称えられたといいます。

頼業公の学徳により、車折神社は学業成就、試験合格のご加護があるとされていますが、とくに**「約束を違えないこと」**をお守りくださる神様として、全国的に篤い信仰があります。

たとえば、**約束事や契約が守られることによって、お金の流れの問題がなくなり**、結果として福徳を授かることができます。また、家庭においてもお金のやりくりがスムーズに運び、**生活が豊かになるご加護**があります。

こちらの神社を有名にしたのは、芸能人の方々が多く訪れている境内社の一社である**「芸能神**

車折神社の本殿。

　第五章　二〇二一年以降、私がクライアントにお勧めしている神社一八社

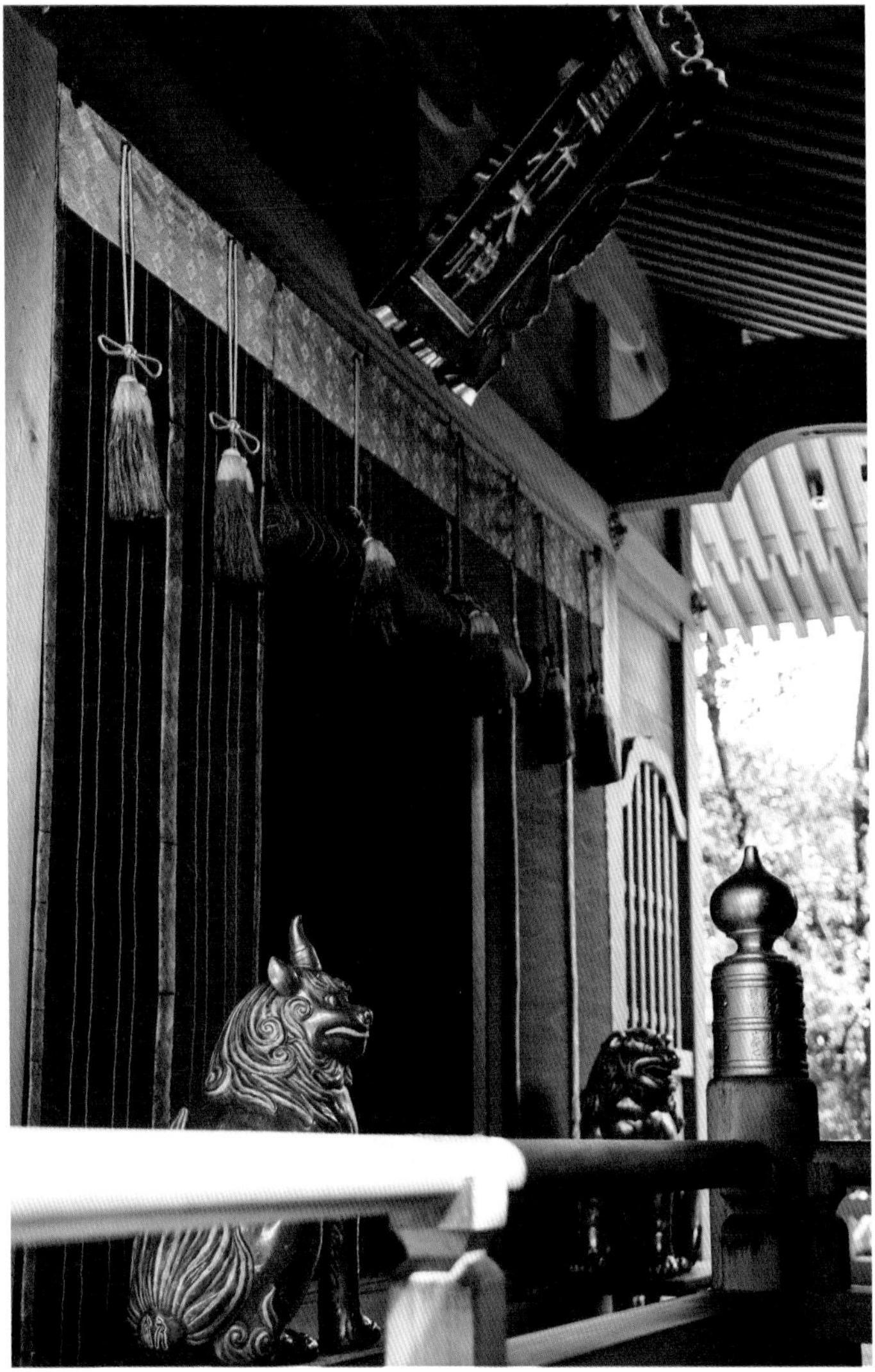

社」の存在です。天岩戸伝説で知られている天宇受売命《アメノウズメノミコト》をお祀りしているのですが、こちらの神様のそのお力はたいへん強力です。ご神徳を賜るには、ご自分の名前を記す玉垣奉納を行います。車折神社の表参道から入りますと、参道の両側にずらりと朱赤の玉垣が連なっているのが目に飛び込んできます。有名な芸能人の方、劇団の方、声優、音楽家、写真家、芸能・芸術の分野で活躍する人は奉納ができます。なかには、某漫画の登場人物の名前もあって、ファンの方が、好きな芸能人の玉垣の前で写真を撮っている姿も何度か見かけました。

表参道から拝殿へ向かう右側に芸能神社がありますので、そこでまずは一拝をして、それから拝殿へ向かってください。拝殿の背後に本殿があり、さらにその背後には、**人脈拡大に最強のお力を貸してくださるその名も「八百万神社」**が鎮座していますので、ぜひ、お詣りしてください。拝殿の前には、溢れるほど石が積まれていますが、それは願いが叶った方々が、自宅近くや海、川、山で石を拾い、拾った石にお礼の言葉を書いて納めたもの。写真を撮ったり、触れてよいものではありません。

私もこちらの神社にお詣りし、玉垣を奉納させていただきました。玉垣が奉納されるまでには、約二か月ほど時間を要するのですが、なんとその間に私の願いは叶いました。**願いが叶う早さに驚き**、それ以来、幾度かクライアントの方々をご案内しております。著名な写真家の方は玉垣を奉納したその日のうちから、次々とメディア関連の案件が入りました。また、ある個人事業主の方は、玉垣奉納はしておりませんが、こちらを訪れ八百万神社を参拝し、人脈拡大のお守りを常に持っておりましたら、仕事の紹介が途切れず生活は安定しはじめ、今年のコロナ渦の影響を受けることもない様子で「忙しくてありがたい」とおっしゃっておりました。

どちらの神社にもお礼参りをすることが大切ですが、車折神社には「約束を違えないこと」をお願いにうかがったのですから、自身も、**「願いが叶っても叶わなくてもお礼をする」という約束を違えない**よう、くれぐれもお気をつけくださいますように。

上／芸能神社。拝殿に向かう前にありますが、一礼して拝殿へ参拝します。中／第三鳥居。両側の朱赤の玉垣が、芸能神社の玉垣奉納です。 下／本殿の背後にある八百万神社。社務所には「人脈拡大」のお守りがありますが、こちらをお詣りしてから購入するようお勧めしています。

美保神社（みほじんじゃ）

●島根県松江市美保関町美保関六〇八
●御祭神：三穂津姫命（ミホツヒメノミコト）、事代主神（コトシロヌシノカミ＝えびす神）

・・・神様との向き合い方がわかる

美保神社は、『出雲国風土記』『延喜式』に社名が記されているほど、長い歴史を持つ神社です。境内地からは、四世紀頃の勾玉《まがたま》の破片や、宗教儀式で捧げられたとされる六世紀後半頃の土馬が出土され、古墳時代以前にもこの地で何らかの祭祀が行われていたと考えられています。

全国に三〇〇〇社余りあるえびす社の総本社で、商売繁盛のご神徳のほか、漁業・海運の神として信仰を集めています。また、「鳴り物」の神様でもあり、楽器も多く奉納されています。

社殿の目の前が漁港になっていて、時間がワープしているような、パラレルワールドに入ったような感覚を覚える場所。非常に大きなパワーを感じます。**出雲大社と両詣りすると、強いご縁をいただける**でしょう。

美保神社の正面。堂々とした注連縄が迎えてくれます（撮影：筆者）。

本殿は、美保関に自生する松の木を用いて造られた、左右二殿連棟という珍しい形式で、「美保造」「比翼大社造」と言われ、国の重要文化財に指定されています。

拝殿は、三方壁がなく開け放たれております。驚いたのは、床が畳敷きというよりも莫蓙《ござ》のような簡素な様式であることです。以前、一〇月の神在祭のときのことです。随分と長い時間、この場所におりまして気がつくと夕刻近くになりました。そろそろ帰ろうと思ったときに神職の方々と巫女が、拝殿へ向かっているのを見かけ、これから何が行われるのだろうともう一度、拝殿の前で待つことにいたしました。

それは、朝夕の神様への祝詞と舞でした。出雲といえども夕刻近い時間は、少し肌寒く感じられ、**開け放たれた社殿の中で簡素な莫蓙に座り雅楽を奏で、舞を舞う姿は心を打つ**ものでした。私は時間を経つのも忘れ、見入りました。

私たちは、ご祈祷を受けるときにお神楽をあげますが、それは神様へ捧げるものでありながら、煌びやかな舞に喜んだり、参拝者のためのものだと思うこともあります。ですが、この姿こそが本来捧げるものなのだと気づいたのです。

神様をお出迎えする稲佐の浜の神事からこの日まで、出雲のおおよその神社を巡り、美保神社を最後に訪れました。

こちらの神様は拝殿の背後にどっしりと座して、「私は私」という風情でした。思わず、「神様カッコいいわ」と声にしますと**「自分の人生は自分の手で舵取りだ、先は暗く見えても目をこらせ、灯す光ありぞ」**と賜ったのです。

海に関する事業をしている方はもちろんのこと、商売繁盛、子孫繁栄を願う祈願に向いています。

意外なところで**楽器を扱う演奏者の方にも、強いご加護あり**です。海外でも音楽の活動の場を持っている、演奏活動の幅を広げたい、日本を代表する演奏者になりたいと願うときは、ぜひ訪れてみてください。

上／社殿に特徴があり、三方が開け放たれています。下／朝夕のお祭りがあり、拝殿内で舞があります。（撮影：筆者）

志賀海神社（しかうみじんじゃ）

●福岡県東区志賀島八七七
●御祭神：中津綿津見神（ナカツワタツミノカミ）、
底津綿津見神（ソコツワタツミノカミ）、
表津綿津見神（ウハツワタツミノカミ）

●●● 海外での活躍を願うなら

志賀海神社は、福岡市の志賀島の南側に鎮座する神社で、伊邪那岐命《いざなぎのみこと》の禊祓《みそぎばらい》によって現れたとされる綿津見三神をお祀りしています。古来、「海神の総本社」、「龍の都」と称えられ、海上交通の要衝である博多湾の総鎮守として、篤く信仰されてきました。

元々は、志賀海の北側に表津宮、中津宮、沖津宮の三宮として存在していましたが、現在はその中の表津宮が南側の今の場所に移り、志賀海神社となっています。中津宮と沖津宮は古墳の上に鎮座しており、今も参拝に訪れることはできます。

海の安全はもとより、海の恵みを守り、もたらし、不浄・厄災を祓い清め、また潮を支配するので人の生き死にを司り、吉凶を知らせる神様です。

拝殿、その前にも御潮井が置いてあります（撮影：筆者）。

「ちはやふる　鐘の岬を過ぎぬとも　われは忘れじ　志賀の皇神」と万葉集で詠まれています。これは、旅の無事を祈った志賀の神様のことを決して忘れない、という意味です。私たちはとかく恩恵を忘れがちになりますが、**見守ってくださるありがたさを忘れてはならない**のです。

「龍の都」ですから、海に関する事業の方、船に関する方にはもちろん、例えばクルーザーを所有している、ボートや船舶の資格を持っている、釣りが趣味であったり、さらにYouTubeで釣り動画を発信している方、海外貿易・海外交流を仕事にしている方もこれから海外との縁を得たい方にもご加護があります。

自分のお守り神様は、龍神様。そう思っている方もぜひ訪れてください。

福岡市内から車で約三〇分ほど走り、海の中道を通り、一周約一一キロの小さな島に入ったときから、島全体が神様であるという印象を受けます。海の風を背中いっぱいに感じ、鳥居の前に立ちますと**御潮井という清めの砂**が待っています。清めは塩であるのが一般的ですが、福岡の神社には清めに砂を用いる神社がいくつかあります。さらに、こちらの神社のしきたりがあり、身内の不幸の服忌引き期間、女性の生理中、妊娠中、生後一〇〇日のお子様は参拝をご遠慮してくださいと記載されています。厳しいように感じられますが、ほかの神社では記載をしていないだけでこれらは、神道の基本です。それを知ることで境内に入る前から気が引き締まります。

御潮井で清め、階段を上がり、鳥居の前で一拝し、境内に足を進める前に社殿にぐるりと巻くように龍が横たわっているのを感じ、穢れがないかを見ているよう。その空気感で過去が走馬灯のように一気に溢れ出てきて、懐かしくも胸がいっぱいになるありがたさでした。

気が満ちているこの場所を訪れるだけで「私は守られている」と強く感じるので、日常に忙殺されている方、もう一度再起したいと願う方もぜひ訪れていただきたい。

小さな境内ながら、十二社の摂社、末社があり、そのいずれもお詣りしてください。その中でも山ノ神神社は、より居住まいを正してお詣りいたしましょう。海の神様の神社で山の神様？と不思議に思われますが、海の豊かさは山の豊かさがもたらすもの。こちらの神様は、意外なお守りをしてくださいます。すでに**使用を終えた空の財布を納め、願いを伝えると財が貯まる**とか。お社脇の小さな箱には空の財布がたくさん入っています。

ほかにも一万本以上ともいわれる鹿の角が奉納されている鹿角堂があり、神功皇后《じんぐうこうごう》による三韓征伐の際、安曇磯良《あづみのいそら》が亀に乗って皇后の前に現れた伝承にちなんで奉納された「亀石」が存在します。亀石が置かれているのは、注連縄で張られた遥拝所で、ここからは遠く伊勢神宮を遥拝することができるそう。

安曇といえば、この地で「金印」が発見されました。紀元五七年に後漢の光武帝が、奴国の王に与えたとされている「漢委奴国王」と印された金印です。出土された付近を「金印公園」としているので神社参拝の後に訪れてはいかがでしょうか。

神社のお清めに用いられている御潮井は、社務所に持ち帰り用が用意してあり、持ち帰ることができるようになっています。無料ですが、たくさん持ち帰らず、いまの自分に必要な分を少しだけいただいてください。

こちらの神社にもご加護を賜るお守りの種類がたくさんあり迷うほどです。その中でも、釣針守りは透明なボトルに釣り針と鯛が入っている珍しい、この神社ならではのお守りです。私は「事無き柴」というお守りを持っています。神功皇后が三韓征伐の際に椎の葉を持って「何事もなく無事に帰って来ることができるように」と身の安全を祈願したことで今でも境内の椎の木の葉で神職の方が一つずつ手作りしているお守りです。大切な方が遠方へ出かける際にそっと持たせてあげるにもお勧めです。

海風を感じながら境内の小さな森の中に身を置き、静かに思いを巡らせると身も心も浄化されて、新たな力が満ちてくる。私は、再生していく。

一度は、訪れていただきたい場所です。

上右／鳥居の脇に御潮井という清めの砂があります。 上左／境内に鎮座している山の神の御社です。下右／楼門の手前は太鼓橋。注連縄が張ってあるのは聖域の印。現在は、渡ることができませんが、四月と一一月の神事の際は、神職さんが太鼓橋から籾を撒くようです。 下左／境内にある遥拝所。大きな二つの石は雄雌亀石です（撮影：筆者）。

宮地嶽神社（みやじだけじんじゃ）

●福岡県福津市宮司元町七－一
●御祭神：息長足比売命（オキナガタラシヒメノミコト＝神功皇后）、
勝村大神（カツムラノオオカミ）、
勝頼大神（カツヨリノオオカミ）

●●●何事にも打ち勝つ、強い運に恵まれる

約一七〇〇年前、息長足比売命（別名、神功皇后）が渡韓する折に、宮地嶽の山頂に祭壇を設け、祈願して船出をしたのが始まりとされています。

神功皇后の功績を称えて主祭神とし、随従の勝村大神、勝頼大神をあわせて「宮地嶽三柱大神」と称しています。以来、宮地嶽三柱大神のご加護のもとで事に当たれば、どのような願いも叶うとして、**「何事にも打ち勝つ開運の神」**として多くの人の信仰を集めてきました。

また、境内には、約三〇〇年ほど前に出土した巨石古墳があります。石室からは刀装具、馬具類、瑠璃壺や瑠璃玉など、およそ三〇〇点が発見されましたが、中でも目を引いたのが黄金を使った品々でした。

上／楼門。奥に見える大しめ縄の社殿が拝殿です。 下／訪れたのは六月末。コロナ渦の影響で手水場が利用できないようになっていましたが、その代わりのあしらいでした。一面に紫陽花です（撮影：筆者）。

それら黄金の出土品や、土地に伝わる口伝から、宮地嶽の神様は**有福の神様**として崇められ、慕われてきました。そして、本殿の御遷座八〇年の節目に、黄金の屋根に生まれ変わりました。

「屋根が黄金になっていません」とおっしゃった方がおりましたが、大きな注連縄でお祀りされている社殿は拝殿です。拝殿正面からは、黄金屋根を見ることは難しいので、拝殿の背後に鎮座しているご本殿へまわってください。特にご本殿の左側からご覧になると眩いくらい輝く黄金の屋根を見ることができます。

私が訪れた季節は、手水場の水面一面に紫陽花《あじさい》があしらわれ、社殿前には菖蒲が立ち並んでおり、とても心癒される境内の光景でした。

参拝時間もついぞ長くなりますが、こちらの神社で必ず参拝をしていただきたいのは、**「奥之宮八社」**です。**「一社一社をお参りすれば大願叶う」**とされており、一番社の七福神社、二番社の稲荷神社から八番社の薬師神社までぐるりと巡ってください。いずれのお宮も縁起がよいもので、特に三番社の不動神社は、忘れずにお詣りいたしましょう。日本一の大きさを誇る横穴式石室古墳の中に「お不動様」をお祀りしており、この古墳は、「地下の正倉院」とも呼ばれ、埋蔵されていた品の中で二〇点もが国宝指定された貴重な場所です。その出土された黄金の数々が、宮地嶽神社を金成り信仰へ。

社殿の中は、許可されているところまで入って手を合わせ、強いご縁を手繰り寄せてください。

不動神社の先には全長二四〇〇メートルの宮地嶽自然歩道があります。そこから宮地岳、在自《あらじ》山の山頂まで登ることができ、**登り切ると負け知らず**だと伝えられています。

五、六年前になるでしょうか。航空会社のテレビCMで公開されたのでまだ覚えている方も多いと思いますが、こちらの神社を有名にした一つは「光の道」の存在です。参道の延長線上に夕日が沈む光景が、光の道となり、その光景を一目見ようと今では、「夕日祭り」が行われ、指定席まで用意されるほど大勢の人で賑わいます。

上／本殿の黄金屋根です。下／文章の中の男坂と呼ばれる神社正面の石段から宮地浜へと続く参道が、「光の道」と呼ばれます（撮影：筆者）。

男坂と呼ばれる神社正面の石段から、その下へ続く門前町を通り、宮地浜から向こう岸の相島を望む西側の参道であり、距離にすると約八〇〇メートルにも及びます。毎年九月に行われる宮地嶽神社最大のお祭りである秋季大祭には、御神幸行列で牛車が往復する参道に年に二回だけ、二月下旬と一〇月下旬に太陽が沈むときにまっすぐに光がなぞらえるよう通ることで**「光の道」**と呼ばれるようになりました。

ＣＭのおかげで全国的に有名になりましたが、地元の方は、「ずっと昔からこの光景で、前はそんなに人が押し寄せることもなくて、ＣＭで人が多くなったものねぇ、年に二回見られるというけどその時の天気の具合で太陽もずれたりするからまっすぐに見られることも少ないんだよ、まっすぐに見ることができるのは、私たちも滅多にないから綺麗に見えるときは運がいいねぇ」と話をしてくださいました。

こちらの神社の創建は、一七〇〇年前。その当時に見えた光景は、まさに神様降臨でしたでしょう。秋季大祭は、神様のお恵みに感謝するお祭りです。光の道は、神様のお恵みに感謝を捧げるお祭りに対する、そのお礼に神様が光を与えてくれるように思います。この時期に訪れるときは、写真に撮ることを目的とするのではなく、**神様への感謝をお忘れなくお詣りしてください。**

宮地嶽神社に参拝したら、ぜひ、門前町の名物**「松ヶ枝餅」**をいただきましょう。テレビＣＭ

でも、アイドルグループのメンバーが食べていたことで、人気が高まりました。

松ヶ枝餅は、餡を餅で包み、型で焼き上げたもの。表面に、宮地嶽神社の神紋である「三階松」の焼印が押されています。同じく福岡の太宰府天満宮にも、同じような「梅ケ枝餅」がありますが、どちらがどちらを真似したというわけではなく、それぞれに由来があります。

「梅ケ枝餅」は、太宰府天満宮の御祭神である菅原道真公が、太宰府へ左遷されて悄然としていたときに、安楽寺の門前で餅を売っていた老婆が、「元気を出してほしい」と道真公に餅を供したところ、それが道真公の好物になったそうです。そして道真公が亡くなった後、老婆が餅に梅の枝を添えて墓前に備えたのが、梅ケ枝餅の始まりだとされています。

一方、「松ヶ枝餅」の歴史はもう少し古いとされていて、宮地嶽神社の氏子たちが、神様のお供えするためにつくった餅が、そのルーツと言われています。

宮地嶽神社の参道脇には、松ヶ枝餅が食べられるお店がたくさんあり、それぞれの味があるようです。食べ比べも楽しいことでしょう。神様もおよろこびになるはずです。

月授与品やお守りの種類が豊富で、神社のホームページにはイベントや神社のお祭りを英文でも記載するなど歓迎度が高く、神職や巫女の方々も快く迎えてくださり、参拝者に「何度でも手を合わせにうかがいたい」と思わせる神社です。

宝満宮竈門神社（ほうまんぐうかまどじんじゃ）

……●福岡県太宰府市内山八八三
●御祭神：玉依姫命（タマヨリヒメノミコト）

●●●縁を結び、人生をよい方向に導いてくれる

宝満宮竈門神社は、太宰府市の東北に立つ宝満山に鎮座。社殿は、標高八二九メートルの宝満山の頂にある上宮と、麓にある下宮とで形成されています。

古より、宝満山は神が降り立つ山として崇められてきました。宝満山は、別名「竈門山」と呼ばれますが、それは頂上付近に遺る竈門岩の伝承によるものと、山の姿がかまどの形に見え、つねに雲霧がかかり、まるで煮炊きをして煙が立ち上がっているかのように見えることに由来していると言われています。九州で最も登山者が多く、現在でも人々に愛されている山でもあります。

太宰府ができたとき、その鬼門（北東）除けのために宝満山山頂で八百萬の神祭をしたことによって社がつくられたと伝えられ、上宮が建つ巨岩の断崖などで、古代の祭祀遺跡が発見されています。また、宝満山は、**歴史的に重要で貴重な国家的祭祀が継承されてきた「霊山」として、**

上／檜の流造（ながれづくり）に銅板葺きが美しい社殿。こちらは拝殿です。下／拝殿横の水鏡。こちらで姿を映してからご参拝（撮影：筆者）。

鳥海山、富士山に次いで全国三例目の国史跡に指定されています。

遣隋使、遣唐使として大陸へ渡る人々は宝満山に登拝し、航海の安全と国家的事業の成功を祈願。中世以降は、蒙古襲来をきっかけに修験道と結びつき、**宝満山は人々にとって祈りの山、その信仰の中心となったのが竈門神社**でした。

上宮が鎮座する宝満山へ登り、願いを込めたこよりを山頂の木の枝に結び奉納する。

それは、江戸時代からあった、一六歳になると成人したことを奉告し、男性は立派に身を立てることができるように、女性は良縁に恵まれるようにという習わしです。長い間、その習わしは途絶えていましたが、平成二五年創建一三五〇年の大祭を機に、再び注目されます。

現在は、一六歳を迎えると山伏に導かれ宝満山へ登り、行く末の祈願をしています。創建の古い神社が衰退していく様を拝見することがあります。衰退していくのは、その地に神様をお招きした始まりはなんであったか、伝えていく人々がいなくなっていくからであろうと思いますが、このような習わしは、この先何十年も何百年も受け継がれていってほしいと思います。

こちらの神社を訪れたときは、ちょうど紅葉でした。境内の階段を上がる前に紅葉の木々をくぐり抜けるので、それは美しい光景です。春には古歌にも詠まれているほどの美しい桜が満開に咲き誇ります。神社の創建は古いのですが、現在の社殿は昭和二年に立てられ、その後の記念大祭に屋根を葺《ふ》き替えており、お守りの授与所は、「一〇〇年後も愛される建物」をコンセプトにして新しくなったのでとても美しい神社です。

主祭神が玉依姫命であるゆえか、ご縁結びのご加護がたいへん強いのです。好きな人との再会、まだ見ぬ人との出逢いを叶える「再会の木」、二つの岩の間を目を閉じて歩き、無事に辿り着く

上／五穀社を挟んだ二つの岩は、愛敬の岩です。目を閉じて歩いてみて。下／幸福の木と呼ばれる「縁むすびこより」、願いが叶いますに（撮影：筆者）。

と願いが叶う「愛敬の岩」、願いをこよりにしたため、この木に結ぶと成就すると言われる「幸福の木」、お参りをしていると心が浮き立ちます。

浮き立つといえば、こちらの神社は最近、大賑わいです。神社の名前からお気付きの方も多いと思いますが、社会現象となっている「鬼滅の刃」の主人公、竈門炭治郎と同じ名前なので**「鬼滅の刃」ファン**が、溢れんばかりに訪れています。ブームに乗って神社を訪れるのはどうなのですか?

たいへん結構なことです。

最初のきっかけはなんにせよ、そこで気づくことは多いはずです。

私は日本中の神社を訪れていますが、この日、ふと気がつきました。七五三などのお祝いの行事でもご夫婦とお子さんだけという光景も珍しくない今、おじいちゃま、おばあちゃまからお孫さんまでの三世代で訪れている方の多いことに。竈門炭治郎と同じような羽織を羽織っているお孫さんにおばあちゃまが、手を合わせることを教えている後ろ姿を拝見いたしましたら、「鬼滅の刃」の作者の方は、この漫画を神様に書かされたのでは!? と思わずにいられませんでした。

これほどの社会現象となるのも、描かれている家族愛に感動し、仲間の絆に共鳴しているからでしょう。

しかし、それればかりではなく、鬼殺隊の階級や位に「十干」や、「柱」という言葉を使っています。神様の数え方を「一柱」「二柱」というように、神社の由来とのつながりを感じます。たとえ、その意味を知っていなくても、私たち日本人の琴線に触れるのだと思います。

相手のことを思いやる、読み取る、共感力が道を開く力となることに気づくはずです。

境内摂社に五穀社があります。志を立てるとき、道を切り開いてくれる力を授けてくれますので忘れずにお詣りください。

そして、もうひとつ忘れてはなりません。お詣りする前に拝殿そばに水鏡があります。**水は聖なるもので穢れを祓い、鏡はあらゆるものを映し出す霊力のあるものです。水鏡に自分の顔を映してから、純粋で正直な気持ちを神様にお伝えください。**

白い花が咲き、鈴のような丸い実をつける招霊の木は、多くの方々が参拝に来てくれるほど喜んで、境内いっぱいに香りを漂わせます。主祭神の玉依姫命のお力は、恋愛のご縁結び、家庭円満の結び、仕事の縁結びのみならず、これから新しいことを始めるために強く心柱を持つためにお支えしてくれます。

二〇二一年は、よろこんでお詣りに出かけてください。

おわりに

本書を最後までお読みくださり、ありがとうございます。

言葉には、命が宿ります。
「頑張れない」と思っても、「私はできる！」と言葉にすることで力が宿ります。
実際には、神様の姿を見ることも声を聞くこともできません。
できないから存在しないのではなく、存在を信じ、言葉にするところから始まります。

神様も、そして見えない世界のものたちも、私たちを見て、その言葉を聞いています。

言葉を聞いて願いが叶うように魔法をかけてくれるのではありません。
その宣言している通りに動いているかを見ています。
間違ったことをしているとそれを正すようなことへ導いてくださり、
その通りでよいというときには、さらなる後押しをしてくださるだけです。

以前、「玉依さんは、神様とはなんだと思いますか?」と聞かれたことがありました。「なんだ?とはなんだ?」と思ったものですが、神様は、鏡の存在だと感じることがあります。

拝殿の前で手を合わせるとき、本殿に昇殿祈祷を受けるとき、遥拝所から遥か先の本宮を拝むとき、目の前に存在は見えずとも居住まいを正し、呼吸を整え、目を閉じて手を合わせると、腹の底にあるものや胸のつかえが祓われていく感覚になるからです。今、自分は、この神社の神様を通じて、自分のあり方を見せていただいているのだ。

何度も神社をお詣りすることで
最初は、自分のために願掛けで訪れていた気持ちも
やがて、神社の杜がこの先も豊かさが失われることがないように
自分にできることは何かを考えるようになります。

私も最初は、自分のことがわかりませんでした。

霊に取り憑かれただけなのか、勘違いなのか、何をしたいのか、自分が欲していることが何かもわからなくなり、どのように願いが聞き届けられるのかも知りませんでした。

あるときから、気持ちの中のざわざわしたものが取れ、自分というものがはっきりと見えるようになりました。自分が求める豊かさとは何かがわかったときから変わりました。

今は、個人の鑑定よりも法人の顧問アドバイザーを担うことが多いのですが、ご縁がある方々は、自分の利を考えるよりも、得る利で世の中に何が還元できるか、自分が役に立つことは何かを考える方々ばかりです。

人のご縁があると、多くはこの人は、自分にとって役に立つ人だろうかと考えます。そうではなく、この人のために自分ができることは何だろうか。役に立つことができるだろうかと考えてみてください。

一人一人の持つ潜在意識を開き、気力を高めることで社会は繁栄します。

自分一人がよければいい、ではなく、自分が我慢すればよいことでもなく、まして自分なんかが、ではありません。


あなたが癒されたら、周りの人を癒してください。

あなたに叡智が宿ったら、それを周りに与えてください。

あなたが成功したら、世の中のためにその力を使ってください。

それを望むあなたに、神様はよろこんでお力を貸してくださるでしょう。


初めての著書を出版後、名古屋でM先生に出版記念セミナーをしましょうとのお声がけをしていただきました。そのときは、お声をかけていただいたことにすっかり甘えるばかりで私は、自分の著書を知ってもらうために積極的に動きませんでした。

ご参加くださった方のアンケートに「次作が出たら、玉依さんからM先生のほうに頼み込んででもまたセミナーをしてもらってください。また、絶対に来てください！」と書いてあったことを思い出しました。

そうでした。

今度は、私のほうから一冊でも多くの著書を手に取ってもらえるように積極的に動いてみます。密を避ける必要がある状況下ですが、できることを懸命に考えます。

そんな私とそのうちにまた、お会いしてくださるとうれしいです。

末筆になりますが、
私の意を自分のことのように汲み取り、ていねいな執筆サポートをしてくださった鈴木裕子さん、「玉依先生のことを話したら、ぜひ会いたいと言っている出版社の方がいるの」と今回の出版のコーディネートをしてくださったヒラタワークスの平田静子さん、いつも言霊旅をご一緒して訪れる神社のよさを最強に表現してくれる開運写真家の宮澤正明先生、宮城県の金蛇水神社で二〇二〇年に二冊目の出版の声がかかりますようにと祈願した通りに、「玉依さん、ご縁って不思議なものですね」と宮城県出身で今回の出版をしてくださることになったワニ・プラスの社長さんの佐藤寿彦さん、販売の応援をしてくださったスタッフのみなさま、この感謝の気持ちは、容易に言葉では伝え切れませんが、お力添えをいただき心よりお礼申し上げます。
本当にありがとうございました。

そして、何よりも何年も継続して信頼を寄せてくださるクライアントの方々の波動が、超スピードで私の願いを後押しして、二冊目の出版が叶いましたことに心から感謝申し上げます。

皆様の心身が健やかで、豊かな未来でありますよう心よりお祈りしております。

聖なる癒しの叡智は いつもあなたのそばに。

二〇二〇年十二月吉日

玉依

ミディアム（霊媒師）であり、ヒーラー。法人コンサルタント。幼少の頃から霊感があり、父方に霊能者がいる。二度の臨死体験後に、霊界と通じる経験を経て、自らがフィルターの役目をすることで、相談者の身体や魂の浄化を行う使命を授かる。霊界通信をしながら対面で行う身体ケアは、ミディアム（霊媒師）ヒーリングと呼ばれるようになる。2014年からスタートした、神社仏閣を巡る「言霊旅」は、願いが叶うスピリチュアル旅として評判を呼ぶ。2017年からは、「目的別スピ散歩」と称し、東京都内・近郊の神社にクライアントと共に訪れ、願いを叶えるためのアドバイスを続けている。現在は一般の鑑定、ヒーリング、除霊を行うほか、起業開運、新規事業相談、事業拠点・事務所鑑定、神社を訪れる社員研修などの法人コンサルティングを行っている。

● 玉依ブログ　http://princess-tamayori.amebaownd.com/
● 玉依公式サイト https://www.tamayorikotodama.com/

せっかくお詣りするのに、あなた、それじゃもったいないじゃない！

成功をつかむご参拝、残念なご参拝

２０２１年１月７日　初版発行

著者　玉依
発行者　佐藤俊彦
発行所　株式会社ワニ・プラス
〒１５０-８４８２
東京都渋谷区恵比寿４-４-９ えびす大黒ビル７Ｆ
電話　０３-５４４９-２１７１（編集）

発売元　株式会社ワニブックス
〒１５０-８４８２
東京都渋谷区恵比寿４-４-９ えびす大黒ビル
電話　０３-５４４９-２７１１（代表）

装丁　新 昭彦（ＴｗｏＦｉｓｈ）
写真　宮澤正明
編集協力　鈴木裕子
企画プロデュース　平田静子（ヒラタワークス）
ＤＴＰ　株式会社ビュロー平林
印刷・製本所　シナノ書籍印刷株式会社

 ISBN 978-4-8470-7010-5
ワニブックスHP https://www.wani.co.jp